家で作れば超安くておいしい

デパ地下&デリおかず
depachika & deli okazu

今泉久美

西東社

はじめに

おうちで作ればおいしい、楽しい、安い。

「デパ地下＆デリおかず」

デパ地下や、おしゃれなお惣菜デリ。
ふらっと足を踏み入れると、魅力的なお料理がいっぱい。
ついあれも、これもと買い込んでしまうこと、ありませんか？
気がつくと、意外と散財していて、びっくりしたり…。
そんな失敗がないように、おうちでもおいしく再現できるように、と
願いを込めてこの本を作りました。きっと、毎日のさまざまなシーンで活躍するはず。
いつも「買ってしまう」あのメニュー、ぜひ試してみてください。

ゆったり＆おしゃれ気分で。
休日のランチ、ブランチに

パスタや炊き込みご飯、おすし、カレーなどの主食メニューも充実。ちょっとした作り方のアイデアやおしゃれな盛りつけも、ぜひご参考に。もちろん、忙しいときや時間がないときの晩ごはんにも。

BRUNCH

DINNER

活躍のいちばんの場はコレ。
毎日の晩ごはんに

鶏肉の照り焼きや和風煮もの、魚の煮つけなど、みんなが大好きなメニューが勢ぞろい。サラダや汁ものをプラスするだけで、ボリュームたっぷりの献立が作れます。組み合わせを考えるのも、楽しい！

みんなで、わいわいというときにも。
おつまみに
焼き鳥や串揚げ、フライドチキンなど、お酒にぴったりのメニューも盛りだくさん。白いご飯にもよく合うので、お酒の飲めない人にも大満足。ビールや日本酒など、お酒に合わせてチョイスするのも、GOOD！

SNACKS

ちょっと凝ったあこがれメニューも。
おもてなしに
煮込みハンバーグやグラタン、フリット、ライスコロッケ。お客さまのおもてなしに大活躍のメニューも、取りそろえました。とはいえ、特別な材料も調味料も不要です。ひとつずつのプロセスを追って、楽しみながら作ってみてください。

PARTY

AND MORE… そして、もっといろいろ活用できる！
この本の活用の仕方は、まだまだ無限大です。たとえば、スープデリの一品＋パンで朝食に、和風デリのおかず＋サラダでお弁当に、などなど。イマジネーションをふくらませて、フル活躍させましょう。

CONTENTS

2　はじめに

Part 1

デパ地下での人気No.1、はコレ。
サラダデリ

- 8　フレッシュ野菜入りポテトサラダ
- 9　えびとアボカドのサラダ
- 12　ミックスビーンズとツナのサラダ
- 13　サーモンとかぶのマリネ
- 16　ローストビーフとブロッコリーのサラダ
- 17　ハムと炒めきのこのマリネ
- 20　長いものタラモサラダ
- 21　かぼちゃとさつまいものサラダ
- 24　揚げいかとセロリのサラダ
- 25　焼きポテトとソーセージのサラダ
- 28　ゴーヤ、スパム、卵のサラダ
- 29　オクラ、長いも、芽かぶのねばねばサラダ
- 32　ささ身と大根の梅サラダ
- 33　ごぼう、れんこん、にんじんの炒めサラダ
- 36　シーザー風サラダ
- 37　生春巻きのサラダ

この本の使い方

本の中に表示した大さじ1は15ml、小さじ1は5ml、1カップは200mlです。

作り方の中の電子レンジの加熱時間は、500Wの場合の目安です。600Wの場合は0.8倍で加熱してください。なお、機種や気候によって多少異なることがあります。

Part 2

盛りつけ、演出にもひと工夫。
チキンデリ

- 42　ささ身の梅巻き+ねぎま串焼き
- 44　れんこんつくね+みそ味つくね
- 46　にんにく、塩味のフライドチキン
- 48　焼き肉のたれでふわっとから揚げ
- 50　名古屋風の揚げ手羽先
- 52　照り焼きチキン
- 54　骨つきもも肉のロースト
- 56　チキン南蛮のタルタルソースかけ

Part 3

フライパンで、サクッと揚げればOK。
揚げものデリ

- 60　牛肉、玉ねぎ、エリンギの串カツ
- 62　明太子と長ねぎサンドカツ
- 64　たっぷりキャベツのメンチカツ
- 66　えびと帆立て貝柱のコロッケ
- 68　かぼちゃコロッケ
- 70　いわしの青じそ巻きフライ
- 72　鮭のパセリチーズフライ
- 74　たこ、長ねぎ、三つ葉のかき揚げ

Part 4
煮もの、照り焼き、ご飯もおまかせ！
和風デリ

- 78 豚バラとじゃがいもの煮もの
- 79 鶏ぶつ切り肉と里いもの煮もの
- 82 いかと大根の煮もの
- 83 いわしのしょうが煮
- 86 ぶりのカレーじょうゆ照り焼き
- 87 えびのれんこんはさみ揚げ
- 90 まぐろのづけ丼
- 91 鮭といくらの炊きおこわ
- 94 かにと野菜のカリフォルニアロール風
- 95 ツナマヨ+焼き肉ののり巻き

Part 5
手間ありおかずも、意外とカンタン！
洋風デリ

- 100 煮込みハンバーグ
- 102 チリコンカン
- 104 チキンとポテトのクリームグラタン
- 106 豚肉のチーズサンドフライ
- 108 シーフードと野菜のフリット
- 110 チーズ入りライスコロッケ

Part 6
たまには、ウイークデーに取り上げて。
マクロビオティック風デリ

- 114 根菜入りひろうずメニュー
  根菜入りひろうず　ピリ辛こんにゃく
  ほうれん草のごまみそあえ　玄米ご飯
- 118 和風チャーハンメニュー
  油揚げとひじきのみそチャーハン
  かぼちゃの甘煮
  とろろ昆布と梅干しの吸いもの
- 122 れんこんときのこのパスタメニュー
  れんこんときのこのペペロンチーノ
  大豆、きゅうり、プチトマトのサラダ
- 126 薬膳カレーメニュー
  厚揚げとなすのトマトカレー
  かぶとにんじんのピクルス

column
「スープデリ」風ヘルシー汁もの

- 130 わかめとザーサイの卵スープ
  根菜と水菜のみそ豆乳スープ
- 131 ハムとブロッコリーの
  クリームコーンスープ
  レンズ豆とほうれん草のスープ
- 132 あさりのトマトクラムチャウダー
  豚肉と春雨のキムチスープ
- 133 ベーコンとキャベツのカレースープ
  酸辣湯風スープ

134 INDEX

Part 1

デパ地下での人気No.1、はコレ。

サラダデリ

「つい買ってしまう」料理のいちばんは、このコーナー。
素材の意外な組み合わせ、おしゃれな味つけに、ついついそそられます！
だけど、おうちでも本当に簡単にできます！
たっぷり、安く作れるのも最大の魅力！ ぜひ、チャレンジしてみて。

フレッシュ野菜入りポテトサラダ

「サラダデリ」で人気No.1といえば、やっぱりコレです。
おいしい秘訣は、冷水にさらしたレタスと玉ねぎを加えること。
シャキッとした口当たりが、ほっくりポテト、
マヨネーズのこくとおいしくマッチ。
たくさん作れて、ウマくて、しかも安い！

POTATO SALAD with FRESH VEGETABLES

↪ 作り方は10ページ

えびとアボカドのサラダ

オードブルやワインのおつまみにもおすすめの、おしゃれなサラダ。
えびとアボカドをマヨ+ヨーグルト+はちみつであえます。
やさしい甘みのなめらかなソースが、
素材の持ち味をグンとアップ。
体にもおいしい、ヘルシーな一品です。

SHRIMP & AVOCADO SALAD

→ 作り方は11ページ

Part 1 サラダデリ

フレッシュ野菜入りポテトサラダ

材料(2人分)と下ごしらえ

ハム ………………………… 3枚
　8等分の放射状に切る。

じゃがいも ………………… 大2個
　皮をむいて6等分に切り、5分ほど水にさらして水けをきる。

玉ねぎ ……………………… 1/6個
　縦薄切りにして5分ほど冷水にさらし、水けを拭く。

レタスの葉 ………………… 2枚
　食べやすい大きさにちぎり、5分ほど冷水にさらして水けを拭く。

下味用
　┌ 酢、サラダ油 ………… 各小さじ1
　└ 塩、こしょう ………… 各少々
マヨネーズ ………………… 大さじ3
塩、こしょう ……………… 各少々

1 じゃがいもをゆでる
鍋にじゃがいもと、かぶるくらいの水を入れて強火で煮立て、弱火にしてふたをし、12〜15分ゆでる。

2 水けを飛ばす
じゃがいもがやわらかくなったら、ざるに上げて水けをきり、再び鍋に戻す。中火にかけて、鍋をゆすりながら水けを飛ばす。

3 下味をつける
ボウルにじゃがいもを入れ、下味用の材料を加えてさっと混ぜ、よく冷ます。

4 混ぜる
マヨネーズを加えてよく混ぜる。味をみて、塩、こしょうを加え、味をととのえる。

5 あえる
4にハム、玉ねぎ、レタスを加え、さっとあえる。

えびとアボカドのサラダ

材料（2人分）と下ごしらえ

- えび ………………… 中8尾（160g）
  尾を少し切り落とし、背に浅い切り目を入れて背わたを取り除く。
- アボカド ……………………… 1個
  包丁で縦にぐるりと切り込みを入れ、ねじって実を離し、種を取り除く。皮をむき、縦半分に切って横に1cm幅に切り、レモン汁小さじ1をふる。
- グリーンアスパラガス … 大4本（180g）
  根元を落とし、かたい茎の部分の皮をむいて4cm長さの斜め切りにする。
- レモンの輪切り ………………… 1枚
  皮をむく。
- 塩 ………………………………… 適量
- 酒 ……………………………… 大さじ1
- 調味用
  - マヨネーズ ………… 大さじ2〜2と1/2
  - プレーンヨーグルト ……… 大さじ1
  - はちみつ ………………… 小さじ1
  - 塩、こしょう …………… 各少々

アボカドの選び方

食べごろは、皮が暗緑色から黒褐色のもの。お尻の部分を指で押してみると、弾力感があります。緑色を帯びているものは、若くてかため。極端にやわらかいものは、いたんでいる可能性も。

1 アスパラガスをゆでる

塩小さじ1/2を入れた熱湯にアスパラガスを入れ、1分ほどゆでる。水にとって冷まし、水けを拭く。

2 えびをゆでる

レモン、塩少々、酒を入れた熱湯にえびを入れて、1分ほどゆでる。上下を返し、さらに1分ほどゆでる。取り出してゆで汁大さじ3をかけ、冷ます。

3 殻をむく

えびの殻をむき、塩少々をふる。

4 混ぜる

ボウルに調味用の材料を入れ、混ぜる。

5 あえる

4にアボカド、アスパラガス、えびを加え、よくあえる。

Part 1 サラダデリ

ミックスビーンズとツナのサラダ

カフェでも人気急上昇中の「豆」のサラダ。
乾燥豆を使うと時間も手間もかかるけど、ドライパックの豆を使えば超カンタン。
ツナと玉ねぎと合わせて、あえるだけ！
かくし味に粒マスタードを加えるのが、おいしいコツ。
酸味と風味が加わって、奥行きのある味わいに仕上がります。

MIX BEANS & TUNA SALAD

作り方は14ページ

サーモンとかぶのマリネ

テーブルの上がパッと華やかになる、ごちそうマリネ。
サーモンのうまみと塩けが、
淡泊なかぶのおいしさを引き立てます。
作りたてはもちろん、味がなじんでからも美味。
白ワインといっしょに、おもてなしにもどうぞ。

MARINATED SALMON & TURNIP

作り方は15ページ

Part 1 サラダデリ

ミックスビーンズとツナのサラダ

材料(2人分)と下ごしらえ
- ミックスビーンズ(ドライパック)※‥100g
- ツナ缶詰(80g入り)‥‥‥‥‥‥‥1缶
  缶汁をきり、粗くほぐす。
- 玉ねぎ‥‥‥‥‥‥‥‥‥‥‥小1/6個
  みじん切りにする。
- わさび菜(またはレタスの葉)‥‥‥適量
  食べやすい大きさにちぎり、5分ほど水にさらして水けを拭く。

調味用
- マヨネーズ‥‥‥‥‥‥‥‥‥大さじ2
- 粒マスタード‥‥‥‥‥‥‥大さじ1/2
- 塩、こしょう‥‥‥‥‥‥‥‥各少々

※金時豆、ひよこ豆などを加熱して缶詰やパック詰めにしたもの。水煮にしたものを水きりして使ってもよい。

1 水にさらす
玉ねぎはざるに入れ、ざるごと水にさらして5分ほどおく。ざるを上げ、ふきんなどで水けを拭く。

2 混ぜる
ボウルに調味用の材料、ツナを入れ、よく混ぜる。

3 あえる
2にミックスビーンズ、玉ねぎを加えてあえる。わさび菜を敷いた器に盛る。

サーモンとかぶのマリネ

材料(2人分)と下ごしらえ

- スモークサーモン ……………… 80g
  長さを半分に切る。
- かぶ ……………………………… 小4個
  茎を落とし、皮をむいて、縦6つ割りにする。
- かぶの葉 ………………… 小4個分(100g)
  太いところを取り除き、3〜4cm長さに切る。
- 玉ねぎ …………………………… 1/4個
  横薄切りにする。
- ケッパー ………………………… 大さじ1
  汁けをきる。
- 塩 ………………………………… 適量
- ドレッシング
  - サラダ油 ……………………… 大さじ3
  - 酢 ……………………………… 大さじ1
  - レモン汁 ……………………… 小さじ1〜2
  - 塩 ……………………………… 小さじ1/4
  - こしょう ……………………… 少々

ワンポイントMEMO

サーモンの代わりに刺し身を使っても

たいなどの白身魚や、帆立て貝柱、はまちなどの刺し身を使ってもおいしく作れます。薄くそぎ切りにし、塩少々をふって5分ほどおいてから調理に使って。

1 塩もみをする

ボウルにかぶを入れ、塩小さじ1/3を加えてよくもみ、15分ほどおく。さっと水洗いをし、水けを拭く。

2 玉ねぎを漬ける

別のボウルにドレッシングの材料を入れて混ぜ、玉ねぎを加えてさっとからめ、5分ほど漬ける。

3 ゆでる

塩少々を入れた熱湯にかぶの葉を入れ、1分ほどゆでる。水にとって冷まし、水けを拭く。

4 あえる

*2*にかぶ、かぶの葉、スモークサーモン、ケッパーを加え、よくあえる。

Part 1 サラダデリ

ローストビーフとブロッコリーのサラダ

面倒そうなローストビーフも、この方法ならお手軽&簡単に作れます!
ステーキ用の牛肉をフライパンで焼いて、
アルミホイルに包んでなじませて、切るだけでOK。
からしじょうゆを混ぜたドレッシングが、
おいしさをさらにあと押し!

ROAST BEEF &
BROCCOLI SALAD

作り方は18ページ

ハムと炒めきのこのマリネ

オリーブ油で炒めたしめじとエリンギを、
レモン風味のマリネ液に漬けて。
きのこのうまみがグッと凝縮されて、豊かな味に仕上がります。
ハムの塩けとパプリカの甘みが、おいしい、楽しいアクセント。
カリッと焼いたフランスパンにのせて食べても、イケます。

Part 1 サラダデリ

MARINATED HAM & MUSHROOM

↳ 作り方は19ページ

ローストビーフとブロッコリーのサラダ

材料(2人分)と下ごしらえ

牛赤身肉(ステーキ用)……1枚(200g)
オリーブ油大さじ1/2を全体にからめ、室温に30分ほどおく。焼く直前に、両面に塩、粗びき黒こしょう各少々をふる。

ブロッコリー……1/2株
小房に分け、さらに縦2〜3等分に切る。5分ほど水にさらし、水けをきる。

マッシュルーム……5個
軸を落とし、縦に薄切りにする。レモン汁小さじ1をふってからめる。

サラダ油……大さじ1/2
塩……少々
ドレッシング
　オリーブ油……大さじ2
　薄口しょうゆ……大さじ1
　白ワインビネガー(または酢)……小さじ2
　練りからし……小さじ1/4
　粗びき黒こしょう……少々

1 焼く
フライパンを強めの中火で熱し、牛肉を入れて1分30秒ほど焼き、返してさらに1分30秒ほど焼く。両面に焼き色がついたら、取り出す。

2 アルミホイルで包む
1の牛肉をアルミホイルで包み、バットなどにのせて10〜20分おく。粗熱が取れたら、薄いそぎ切りにする。

3 蒸しゆでにする
1のフライパンを洗い、水けを拭いてサラダ油を中火で熱し、ブロッコリーを入れてさっと炒める。全体に油が回ったら、塩、水大さじ3をふってふたをし、1分30秒ほど蒸しゆでにする。ざるに上げて水けをきる。

4 混ぜる
ボウルにドレッシングの材料を入れ、よく混ぜる。

5 あえる
4に牛肉、ブロッコリー、マッシュルームを加え、よくあえる。

ハムと炒めきのこのマリネ

材料(2人分)と下ごしらえ

ハム ………………………… 4枚
　半分に切り、1.5cm幅に切る。

しめじ ………… 小2パック(正味200g)
　石づきを落とし、2〜3本ずつにほぐす。

エリンギ ………… 1パック(100g)
　長さを半分に切り、縦半分に切って縦2
　つ〜4つに裂く。

パプリカ(黄) ………………… 1/2個
　へたと種を取り除く。縦半分に切り、横
　に3〜5mm幅に切る。

にんにく …………………… 1かけ
　包丁の腹を当ててつぶす。

オリーブ油 ………………… 大さじ3
塩 ………………………… 適量
粗びき黒こしょう ……………… 少々
レモン汁 ……………… 大さじ1と1/2
しょうゆ ………………………… 少々

1 炒める
フライパンにオリーブ油とにんにくを入れて弱火で熱し、炒める。香りが立ったら中火にし、しめじ、エリンギを加えて炒め合わせる。きのこが少ししんなりとしたら、塩少々、粗びき黒こしょうをふって混ぜる。

2 パプリカを加える
パプリカを加えて、さっと炒める。

3 ハムを加える
全体に油が回ったら、ハムを加えて大きく混ぜ、火を止める。

4 調味する
レモン汁、しょうゆを順に加え、手早くからめる。味をみて、塩少々をたす。

Part 1　サラダデリ

長いものタラモサラダ

「タラモ」とは、ギリシャ語でたらこのこと。
このサラダは、じゃがいもで作るのがポピュラーですが、
ここでは長いもでアレンジしました。
長いもの上品でやさしい味わいと、たらこのうまみが絶妙のマッチング。
スモークサーモンとオリーブは、お好みで。

CHINESE YAM & COD ROE SALAD

↳ 作り方は22ページ

かぼちゃとさつまいものサラダ

「かぼちゃ好き」、「さつまいも好き」にはたまりません！
2種の野菜をレンジでチンして、
ホクホクの蒸し上がりに。
マヨネーズ+牛乳であえて、こくとクリーミーさをプラス。
カリッと焼いたアーモンドを散らせば、無敵のおいしさです。

PUMPKIN & SWEET POTATO SALAD

➜ 作り方は23ページ

Part 1　サラダデリ

長いものタラモサラダ

材料(2人分)と下ごしらえ

- たらこ …………………… 1/2腹(40g)
  薄皮に切り目を入れ、包丁で中身をしごき出す。
- スモークサーモン ………………… 4枚
  2cm幅に切る。
- 長いも …………… 15cm(正味300g)
  皮をむいて縦半分に切る。酢少々を混ぜた酢水に5分ほどさらし、水けをきる。
- 万能ねぎ ………………………… 1〜2本
  2cm幅の斜め切りにする。
- ブラックオリーブ(種なし)………… 4個
  横に3〜4mm幅に切る。
- レモン汁 …………………………… 小さじ1
- オリーブ油 ………………………… 大さじ1
- マヨネーズ ………………………… 大さじ2
- 塩、こしょう ……………………… 各少々

辛子明太子を使ってもOK
たらこの代わりに辛子明太子を使っても、おいしくできます。メーカーによって味が異なるので、味をみながら調味料を加減して。

1 電子レンジで加熱する
耐熱皿に長いもをのせ、ラップをかけて電子レンジで6分30秒ほど加熱する。

2 レモン汁をからめる
ボウルにたらこを入れ、レモン汁を加えて全体をさっとからめる。

3 つぶす
1の長いもがやわらかくなったら、マッシャー(またはフォークの背)で細かくつぶす。オリーブ油を加えて混ぜ、よく冷ます。

4 あえる
3にマヨネーズ、2、塩、こしょうを加え、よくあえる。器に盛ってスモークサーモンをのせ、万能ねぎ、ブラックオリーブを散らす。

かぼちゃとさつまいものサラダ

材料(2人分)と下ごしらえ

かぼちゃ	1/8個(正味200g)

わたと種を取り除き、縦半分に切る。

さつまいも	小2本(180g)
玉ねぎ	小1/6個

みじん切りにして5分ほど水にさらし、水けを拭く。

アーモンドスライス	20g

調味用
- マヨネーズ……大さじ3
- 牛乳……小さじ2
- 塩、こしょう……各少々
- カレー粉……少々

1 かぼちゃを電子レンジで加熱する
耐熱皿にかぼちゃをのせ、ラップをかけて電子レンジで3分30秒ほど加熱する。粗熱が取れたら、横に1.5〜2cm幅に切る。

2 さつまいもを電子レンジで加熱する
耐熱皿にさつまいもをのせ、ラップをかけて電子レンジで4分ほど加熱する。粗熱が取れたら両端を切り落とし、皮つきのまま1〜1.5cm厚さに切る。

3 焼く
オーブントースターの天板にアルミホイルを敷き、アーモンドスライスをのせる。オーブントースターに入れ、薄く焼き色がつくまで1〜2分焼く。

4 あえる
ボウルに調味用の材料、玉ねぎを入れてよく混ぜ、かぼちゃ、さつまいもを加えてあえる。器に盛ってアーモンドスライスを散らし、カレー粉をふる。

Part 1 サラダデリ

揚げいかとセロリのサラダ

小麦粉をまぶしたいかを揚げて、
あつあつをドレッシングに加えるのが、最大のコツ。
味がよくなじんで、おいしさもひとしおです。
粒マスタードとしょうゆを加えたドレッシングも、香り豊か。
白いご飯にも、よく合います。

FRIED SQUID & CELERY SALAD

↳ 作り方は26ページ

焼きポテトとソーセージのサラダ

おいしさも、ボリュームも満点のサラダ。
ほっくりと焼いたポテトとソーセージを炒めて、
ドレッシングでよ〜くあえます。
ドレッシングの酸味が加わって、さっぱりとした口当たりに。
ビールのおつまみにもってこい、の一品です。

SAUTEED POTATO & SAUSAGE SALAD

→ 作り方は27ページ

Part 1 サラダデリ

揚げいかとセロリのサラダ

材料(2人分)と下ごしらえ

- するめいかの胴……… 1ぱい分(150g)
  軟骨を取り除いて水洗いをし、水けを拭く。皮をむき、1cm厚さの輪切りにする。
- セロリ……………… 大1本(100g)
  筋を取り、4cm長さに切って縦薄切りにする。
- セロリの葉…………… 2～3枚
  粗くちぎる。
- 玉ねぎ………………… 小1/4個
  横薄切りにする。
- ドレッシング
  - サラダ油………………… 大さじ2
  - 酢………………………… 大さじ1と1/2
  - 薄口しょうゆ…………… 小さじ1
  - 粒マスタード…………… 小さじ1
  - 塩、こしょう…………… 各少々
- 小麦粉、揚げ油………… 各適量

ワンポイントMEMO
いかの代わりにたこを使っても

たこを1cm幅ほどのそぎ切りにし、同様に調理すればOK。たこのプリッとした歯ごたえが、魅力の一品に。揚げたときに、油がはねないように、水けをよく拭いてから調理をしましょう。

1 漬ける

ボウルにドレッシングの材料を入れて混ぜ、玉ねぎを加えて漬ける。

2 小麦粉をまぶす

いかの水けを拭き、小麦粉を全体に薄くまぶしつける。余分な小麦粉は、はたいて落とす。

3 揚げる

揚げ油を中温(180℃)に熱し、いかを入れて、ときどき返しながら30秒ほど揚げる。取り出して油をきる。

4 あえる

1に3、セロリ、セロリの葉を加え、よくあえる。

焼きポテトとソーセージのサラダ

材料(2人分)と下ごしらえ

- ウインナソーセージ(あれば粗びき)……5本
  縦半分に切る。
- じゃがいも……………………………大2個
  芽を取り除き、皮つきのまま縦6〜8等分のくし形に切る。5分ほど水にさらし、水けをきる。
- ホールコーン缶詰……………1/2缶(65g)
  ざるに上げて缶汁をきる。
- パセリ……………………………………1枝
  やわらかい葉を摘み、みじん切りにする。
- サラダ油………………………… 大さじ1と1/2
- ドレッシング
  - サラダ油、酢……………………各大さじ1
  - 塩、粗びき黒こしょう……………各少々

1 電子レンジで加熱する
耐熱皿の中心をあけてじゃがいもをのせ、ラップをかけて電子レンジで5分ほど加熱する。

2 炒める
フライパンにサラダ油を強めの中火で熱し、じゃがいもを入れて焼く。全体に薄く焼き色がついたらソーセージを加え、炒め合わせる。ソーセージがパリッとしたら取り出す。

3 混ぜる
ボウルにドレッシングの材料を入れ、よく混ぜる。

4 あえる
3に2、ホールコーン、パセリを加え、よくあえる。

Part 1 サラダデリ

ゴーヤ、スパム、卵のサラダ

沖縄の元気料理・チャンプルーをサラダ仕立てにアレンジしました。
ゴーヤの苦み、スパムのこく、やわらか卵が絶妙のハーモニー。
マヨ＋わさびのソースが、おいしさをさらに引き立てます。
赤、黄、緑のカラフルな色合いに、食欲もアップ。

BALSAM PEAR,
LUNCHEON
MEAT & EGG SALAD

↳ 作り方は30ページ

オクラ、長いも、芽かぶのねばねばサラダ

食物繊維やミネラルが豊富なねばねば素材を、
和風のサラダに仕上げました。
ポン酢＋オリーブ油のドレッシングで、
素材の持ち味をグッと引き出します。

OKRA, CHINESE YAM,
MEKABU SALAD

作り方は31ページ

ゴーヤ、スパム、卵のサラダ

材料(2人分)と下ごしらえ

スパム(ランチョンミート缶詰) ...... 1/2缶(170g)
縦4等分に切り、さらに縦に6〜7mm幅に切る。

卵 2個
ボウルに溶きほぐし、みりん大さじ1を加えて混ぜる。

ゴーヤ(にがうり) ...... 1/2本(150g)
縦半分に切ってわたと種を取り除き、横に3mm幅に切る。

黒いりごま ...... 少々

塩 小さじ1/2

サラダ油 大さじ1

調味用
- マヨネーズ 大さじ2
- 薄口しょうゆ 小さじ1/2
- おろしわさび 小さじ1/4

スパムの代わりに
コンビーフやツナ缶を使っても、美味。コンビーフの独特のうまみで、濃厚な味わいに。ツナはさっぱりとした中にも、こくのある味に。ツナは焼かずに、そのまま使ってOK。

1 ゆでる
塩を入れた熱湯に、ゴーヤを入れて1分ほどゆでる。水にとって冷まし、水けを拭く。

2 炒める
フライパンにサラダ油を中火で熱し、溶き卵を流し入れて、大きく混ぜながら炒める。卵が半熟状になったら取り出し、粗熱を取る。

3 焼く
2のフライパンを拭いて、中火で熱し、ランチョンミートを入れて3分ほど焼く。全体に焼き色がついたらペーパータオルに取り出し、脂を取り除く。

4 あえる
ボウルに調味用の材料を入れてよく混ぜ、ゴーヤ、卵、ランチョンミートを加えてよくあえる。器に盛り、ごまをふる。

オクラ、長いも、芽かぶの
ねばねばサラダ

材料(2人分)と下ごしらえ

オクラ ………………… 1パック(100g)
　へたを落としてがくをむき、塩小さじ
　1/2をふってまぶす。

長いも ………………… 10cm(250g)
　皮をむき、酢少々を混ぜた酢水に5分ほ
　どさらして水けをきる。長さを半分に切
　り、細切りにする。

芽かぶ(味がついていないもの)
　………………… 1パック(100g)

削り節 ………………… 1/2パック(2.5g)

ドレッシング
　┌ すだち(またはレモン)の絞り汁
　│ ………………… 小さじ1〜2
　│ ポン酢しょうゆ(市販品)…… 大さじ2と1/2
　│ オリーブ油 ………………… 大さじ1
　└ 柚子こしょう(市販品・あれば)…… 少々

1 ゆでる
熱湯にオクラを入れ、30秒ほどゆでる。水にとって冷まし、水けを拭いて縦半分に切る。

2 混ぜる
ボウルにドレッシングの材料を入れ、よく混ぜる。

3 あえる
2にオクラ、長いも、芽かぶを加えてよくあえる。器に盛り、削り節をのせる。

Part 1 サラダデリ

ささ身と大根の梅サラダ

淡泊な味わいのささ身と大根を、梅干しの酸味でキリッと引きしめます。
香り豊かな青じそが、この料理の名わき役。
ささ身は電子レンジでチン！してほぐせば、OK。
さっぱりとしているので、たっぷりと食べられます。

WHITE MEAT &
JAPANESE
RADISH SALAD

作り方は34ページ

Part 1 サラダデリ

ごぼう、れんこん、にんじんの炒めサラダ

きんぴら風のしっかり甘辛味が、大人気。
酢のほどよい酸味、ごまの香りが加わって、とびっきりのおいしさに。
ご飯のおかずにも、お弁当にもおすすめです。
ビタミン、食物繊維もたっぷりだから、体にもうれしい。

BURDOCK, LOTUS
ROOT & CARROT
SALAD

作り方は35ページ

ささ身と大根の梅サラダ

材料(2人分)と下ごしらえ

- **鶏ささ身** ……………… 3本(150g)
  筋がある場合は、取り除く。塩、こしょう各少々、酒大さじ1/2をふってからめる。
- **大根** …………………… 6cm(250g)
  皮をむき、細切りにする。
- **青じそ** …………………… 10枚
  1.5〜2cm四方に切る。
- **梅干し** …………………… 1個
  種を取り除き、包丁で粗くたたく。
- **ドレッシング**
  - サラダ油、酢、薄口しょうゆ
    ………………………… 各大さじ1/2
  - だし汁(または水) ……… 大さじ1/2
  - こしょう ………………………… 少々

1 電子レンジで加熱する
耐熱皿の中心をあけてささ身をのせ、ラップをかけて電子レンジで3分〜3分30秒加熱し、そのまま冷ます。

2 混ぜる
ボウルに梅干し、ドレッシングの材料を入れて、よく混ぜる。

3 ほぐす
1のささ身を手で細かくほぐす。

4 あえる
2にささ身、大根、青じそを加え、よくあえる。

ごぼう、れんこん、にんじんの炒めサラダ

材料(2人分)と下ごしらえ

- ごぼう ・・・・・・・・・・・・・・・ 15cm(60g)
  - 皮をこそげて5cm長さに切り、細切りにする。酢少々を混ぜた酢水に5分ほどさらし、水けをきる。
- れんこん ・・・・・・・・・ 小1節(100〜120g)
  - 皮つきのまま、薄い半月切りにする。酢少々を混ぜた酢水に5分ほどさらし、水けをきる。
- にんじん ・・・・・・・・・・・・・・・・・・・ 5cm
  - 皮をむき、細切りにする。
- サラダ用ほうれん草 ・・・・・・・・ 1束(100g)
  - 5cm長さに切り、5分ほど水にさらして水けを拭く。
- サラダ油 ・・・・・・・・・・・・・・・・・・ 大さじ1
- 酒 ・・・・・・・・・・・・・・・・・・・・・・・ 大さじ1
- 塩 ・・・・・・・・・・・・・・・・・・・・・・・・・ 少々
- ドレッシング
  - 白いりごま ・・・・・・・・・・・・・・ 大さじ1
  - ごま油、しょうゆ ・・・・・・・・ 各大さじ1
  - 酢、砂糖 ・・・・・・・・・・・・・ 各大さじ1/2

1 ごぼう、れんこんを炒める
フライパンにサラダ油を中火で熱し、ごぼうを入れて2〜3分炒める。れんこんを加え、1〜2分炒め合わせる。

2 にんじんを加える
全体に油が回ったら、にんじんを加えてさっと炒める。酒をふり、塩を加えて水けが飛ぶまで炒める。

3 混ぜる
ボウルにドレッシングの材料を入れ、よく混ぜる。

4 あえる
2が熱いうちに3に加えてよくあえ、粗熱を取る。器にサラダ用ほうれん草をのせ、炒めた根菜のサラダを盛る。

Part 1　サラダデリ

シーザー風サラダ

ロメインレタスは冷水にさらして、
シャキシャキの歯ごたえにするのが、大事なコツです。
カリッと焼いたフランスパンとベーコンが、おいしい、楽しいアクセント。
粉チーズを加えた特製ドレッシングも、味の決め手。
一度食べると、また作りたくなる！

CAESAR SALAD STYLE

作り方は38ページ

生春巻きのサラダ

生春巻きの皮があれば、おうちで手軽においしく作れます！
えび、豚肉、サニーレタス、もやし、青じそを巻いて、
チリソースのたれにつけて、どうぞ。
片手でパクリと食べられるから、
おつまみやおもてなしにもおすすめです。

SPRING ROLL SALAD

→ 作り方は39ページ

Part 1 サラダデリ

シーザー風サラダ

材料(2人分)と下ごしらえ

- ベーコン ···················· 3枚
    2cm幅に切る。
- フランスパン ················ 8cm
    8mm厚さに切る。
- ロメインレタス(またはレタス)の葉
    ···························· 5〜6枚
    食べやすい大きさに切って5分ほど冷水にさらし、水けを拭く。
- クレソン ····················· 1束
    かたい茎を切り落とす。5分ほど冷水にさらして水けを拭く。
- にんにく ··················· 小1かけ
    包丁の腹を当ててつぶす。
- オリーブ油 ················ 大さじ1/2
- ドレッシング
    - 粉チーズ ················ 大さじ2
    - オリーブ油 ·············· 大さじ2
    - 白ワインビネガー(または酢)··· 小さじ2
    - 塩、粗びき黒こしょう ········ 各少々

1 ベーコンを焼く
フライパンを弱火で熱し、ベーコンを入れて焼く。両面がカリッとしたら取り出し、油をきって粗熱を取る。

2 フランスパンを焼く
1のフライパンを拭いて、オリーブ油、にんにくを入れ、弱めの中火にかける。香りが立ったら、フランスパンを並べて焼く。両面に薄く焼き色がついたら取り出し、粗熱を取る。にんにくは取り除く。

3 混ぜる
ボウルにドレッシングの材料を入れ、よく混ぜる。

4 あえる
3にロメインレタス、クレソン、ベーコンを加え、よくあえる。器に盛り、フランスパンを2〜3等分にちぎりながら散らす。

生春巻きのサラダ

材料(2人分)と下ごしらえ

生春巻きの皮	4枚
ゆでえび	小6尾

厚みを半分に切る。

豚もも薄切り肉	80g
サニーレタスの葉	2枚

1枚を4等分にちぎり、5分ほど水にさらして水けを拭く。

もやし	100g
青じそ	4枚
にら	2本

長さを半分に切る。

塩	適量
酒	大さじ1

たれ
- レモン汁 … 大さじ1/2
- スイートチリソース(市販品) … 大さじ1
- ナムプラー(または薄口しょうゆ) … 大さじ1/2

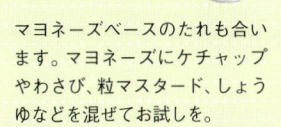

ワンポイントMEMO
たれで味のバリエーションを

マヨネーズベースのたれも合います。マヨネーズにケチャップやわさび、粒マスタード、しょうゆなどを混ぜてお試しを。

1 もやしをゆでる
塩少々を入れた熱湯にもやしを入れ、1分ほどゆでる。ざるに上げて水けをきり、バットなどに広げて冷ます。

2 豚肉をゆでる
塩少々、酒を入れた熱湯に豚肉を1枚ずつ入れ、ほぐしながらゆでる。色が変わったら、ざるに上げて水けをきり、バットなどに広げて冷ます。横に5mm幅に切る。

3 もどす
大きめのボウルに水(またはぬるま湯)を入れ、生春巻きの皮を1枚ずつさっとつけてきれいなまな板にのせ、もどす。

4 巻く
生春巻きの皮の手前にサニーレタス、もやし、青じそ、豚肉を1/4量ずつ順にのせ、中心よりも少し向こう側に、えびの切り口が上になるように3切れ置く。左右の皮を内側に折りたたみ、えびの手前に、にらを1本のせ、具を押さえながら、手前からきつめに巻く。残りも同様に巻く。好みで、たれの材料を混ぜて添える。

Part 1 サラダデリ

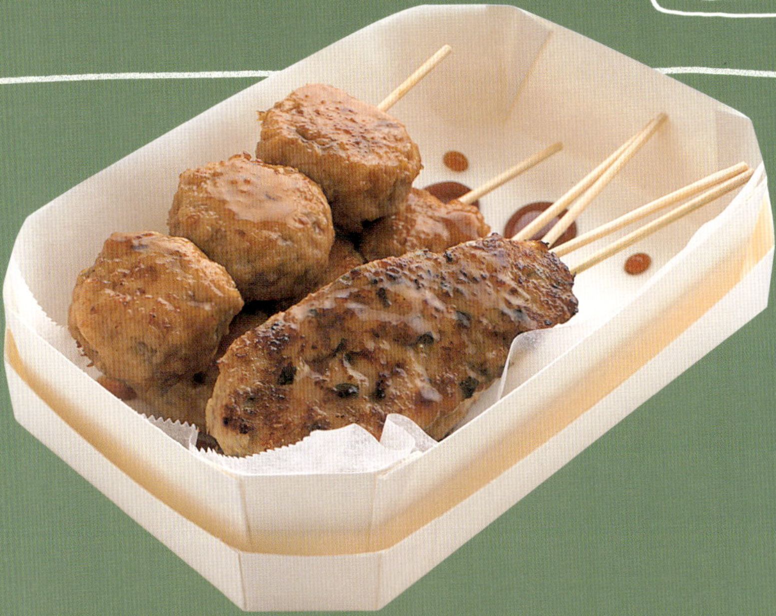
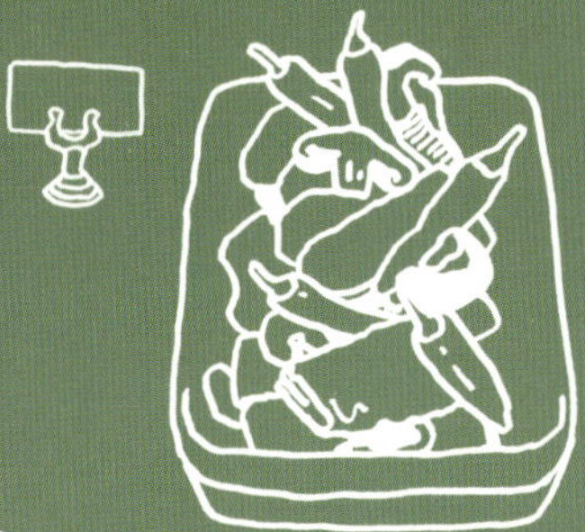

Part 2

盛りつけ、演出にもひと工夫。

チキンデリ

手羽先に、焼き鳥、フライドチキン。
足を止めて、「買い込みたくなる」メニューが、目白押し。
だけど、これらもおいしく、楽しく、ササッと作れる！
ちょっとしたアイデアが、成功の秘訣です。
素敵に盛りつけて、自慢しちゃお。

ささ身の梅巻き + ねぎま串焼き

材料(2人分)と下ごしらえ

●ささ身の梅巻き

鶏ささ身 ……………… 4本(200g)
　筋を取り、厚みの半分のところまで、縦に1本切り目を入れる。切り目から、さらに左右に切り目を入れて開く。塩、こしょう各少々、酒大さじ1/2をふってからめる。

梅干し ……………………… 大1個
　種を取り除き、包丁で細かくたたく。

青じそ ………………………… 4枚

●ねぎま串焼き

鶏もも肉 ……………… 小1枚(200g)
　余分な脂肪を取り除き、12等分に切る。おろしにんにく少々、しょうが汁小さじ1、塩小さじ1/4、こしょう少々をからめて10分ほどおく。

長ねぎ ………………………… 1本
　長さを8等分に切る。

たれ
　トマトケチャップ、ウスターソース
　　……………………… 各大さじ1/2
　タバスコ(好みで) ……………… 少々

1 巻く
ささ身を縦長に置き、向こう側を2〜3cm残して梅干しを等分に塗る。青じそを1枚ずつのせ、手前からきつめに巻く。

2 切る
横に4等分に切る。

3 刺す
竹串1本に2を4切れずつ刺す。計4本作る。

4 焼く
ガス台のグリルに3をのせ、竹串の持ち手の部分にアルミホイルをかぶせる。ガス台のグリルに入れ、強火で3分ほど焼いて裏返し、さらに2分ほど焼く。

1 刺す
竹串1本に、鶏肉(皮の面を同じ向きにする)、長ねぎの順に2切れずつ刺し、最後に鶏肉を1切れ刺す。計4本作る。

2 焼く
ガス台のグリルに1の皮の面を上にして置き、竹串の持ち手の部分にアルミホイルをかぶせる。ガス台のグリルに入れ、中火で5分ほど焼いて裏返し、さらに5分ほど焼く。

3 塗る
たれの材料を混ぜ、2の表面に等分に塗る。再びガス台のグリルに入れて、さらに1〜2分焼く。

Part 2 チキンデリ

「チキンデリ」でいちばん買いたくなるのが、焼き鳥。
一見、面倒くさそうに思えますが、作ってみれば意外とカンタン。
ここでは、さっぱり上品味のささ身と、
バーベキュー風のたれを塗って焼いたもも肉の、厳選二品をご紹介。
どっちもおいしいから、両方作ってみて。

れんこんつくね + みそ味つくね

しっとり、ジューシーなたねが魅力のつくね。
おうちで作れば、できたてのあつあつが食べられるし、とてもリーズナブル。
れんこんつくねは、粗みじん切りのれんこんを混ぜてサクサクの口当たりに。
みそ味つくねは、青じそと長ねぎのみじん切りを混ぜて、香り豊かに仕上げました。

材料（2人分）と下ごしらえ

●れんこんつくね

鶏ひき肉	200g
れんこん	小1/2節(50g)

皮をむいて、酢少々を混ぜた酢水に5分ほどさらし、水けをきる。粗みじん切りにする。

長ねぎ	7cm

みじん切りにする。

たね用
- 溶き卵 … 1/2個分
- しょうが汁 … 小さじ1
- パン粉 … 大さじ2
- 片栗粉 … 小さじ1
- 塩 … 少々

サラダ油 … 大さじ1/2

調味用
- 酒、しょうゆ、みりん … 各小さじ2
- 一味唐辛子 … 少々

1 練り混ぜる
ボウルにひき肉、たね用の材料、長ねぎ、れんこんを入れ、手でよく練り混ぜる。

ひき肉の粒がなめらかになり、粘りが出たら混ぜ終わり。

2 まとめる
*1*を12等分にして、1～1.5cm厚さの平たい円形にまとめる。

3 焼く
フライパンにサラダ油を中火で熱し、*2*を並べて4分ほど焼き、裏返す。ふたをして弱火にし、3～4分蒸し焼きにする。ふたを取って中火にし、調味用の材料を加えて手早く煮からめる。竹串に3個ずつ刺し、器に盛って一味唐辛子をふる。

●みそ味つくね

鶏ひき肉	200g
青じそ	6枚

粗みじん切りにする。

長ねぎ	7cm

みじん切りにする。

たね用
- しょうが汁 … 小さじ1
- 白いりごま … 大さじ1
- みそ、酒 … 各大さじ1
- 片栗粉 … 大さじ1/2

サラダ油 … 大さじ1/2
一味唐辛子 … 少々

1 たねを作る
ボウルにひき肉、たね用の材料、青じそ、長ねぎを入れ、粘りが出るまでよく練り混ぜる。4等分にして、1～1.5cm厚さの平たい棒状にまとめる。

2 焼く
フライパンにサラダ油を中火で熱し、*1*を並べて4分ほど焼き、裏返す。ふたをして弱火にし、4分ほど蒸し焼きにする。両面に焼き色がついたら取り出し、竹串2本に1個ずつ刺す。器に盛り、一味唐辛子をふる。

ワンポイントMEMO

卵黄につけて食べてもGOOD

作りたてのつくねに、卵黄（うずら卵でも）をくずしながらからめて食べるのも、美味。濃厚でまったりとしたおいしさが楽しめます。

Part 2 チキンデリ

にんにく、塩味のフライドチキン

材料(2人分)と下ごしらえ

鶏もも骨つきぶつ切り肉	300g
かぼちゃ	1/8個(正味200g)

わたと種を取り除き、縦4等分のくし形に切って、長さを半分に切る。

レモンのくし形切り ……… 適量

下味
- しょうが汁 ……… 大さじ1/2
- おろしにんにく ……… 1/4かけ
- 酒 ……… 大さじ1/2
- 塩 ……… 小さじ1/2強
- 粗びき黒こしょう ……… 少々

揚げ油 ……… 適量
塩 ……… 少々
小麦粉、片栗粉 ……… 各大さじ2

1 下味をつける
ボウルに下味の材料を入れて混ぜ、鶏肉を加えてよくもみ込み、20分ほどおく。

2 かぼちゃを揚げる
揚げ油を低温(160〜170℃)に熱し、かぼちゃを入れる。ときどき返しながら3〜4分揚げて油をきり、塩をふる。

3 まぶす
鶏肉の汁けを拭く。バットなどに小麦粉、片栗粉を入れて混ぜ、鶏肉に薄くまぶす。余分な粉は、はたいて落とす。

4 鶏肉を揚げる
揚げ油を中温(170℃)に熱し、鶏肉を入れる。ときどき返しながら6〜7分揚げる。仕上げに強火にし、カリッとしたら油をきる。器に鶏肉、かぼちゃを盛り、レモンを添える。

鶏肉にすりおろしたにんにくと、
塩をしっかりとからめて、カラリと揚げます。
鶏肉のうまみとにんにくの香り、塩味が抜群のおいしさ。
ビールのおつまみに最高！ 揚げたてをぜひ、どうぞ！

Part 2　チキンデリ

焼き肉たれで ふわっとから揚げ

鶏肉の下味に「焼き肉のたれ」を使えば、驚きのおいしさに！
独特の甘辛い味がしみて、
こっくりとしたおいしさに仕上がります。
ひと口食べると、中からジューシーな肉汁がジュワッ。
冷めてもおいしいので、お弁当にも。

材料(2人分)と下ごしらえ

- 鶏もも肉 ……………… 1枚(250g)
  余分な脂肪を取り除いて、筋をたたく。縦半分に切り、横に4等分のそぎ切りにする。
- さやいんげん …………………… 100g
  へたを切り落とす。
- すだち(またはレモン) ………… 1個
  横半分に切る。
- 下味
  - 溶き卵 …………………… 1/2個分
  - 白いりごま ………………… 大さじ1
  - 焼き肉のたれ(市販品) …… 大さじ2
  - 酒 …………………………… 小さじ2
  - 塩 …………………………… 少々
- 揚げ油 ……………………………… 適量
- 塩 …………………………………… 少々
- 片栗粉 …………………………… 大さじ3

ワンポイントMEMO
ころもにパセリや青のりをまぶしても

片栗粉にみじん切りのパセリ、青のりを混ぜてまぶしても、ひと味違うおいしさに仕上がります。

1 下味をつける
ボウルに下味の材料を入れて混ぜる。鶏肉を加えてよくからめ、20分ほどおく。

2 いんげんを揚げる
揚げ油を中温(170〜180℃)に熱し、いんげんを入れる。ときどき返しながら1分ほど揚げて油をきり、塩をふる。

3 からめる
鶏肉の汁けをかるくきり、片栗粉を加える。手でもむように、全体にからめる。

4 鶏肉を揚げる
揚げ油を低温(160〜170℃)に熱し、鶏肉を入れる。ときどき返しながら5分ほど揚げる。仕上げに強火にし、カリッとしたら油をきる。器に鶏肉、いんげんを盛り、すだちを添える。

Part 2 チキンデリ

名古屋風の揚げ手羽先

材料(2人分)と下ごしらえ

鶏手羽先 ······················ 6本
　関節に包丁を入れ、先端を切り落とす。皮の面を下にして置き、骨に沿って浅い切り目を入れる。

ピーマン ······················ 3個
　縦半分に切ってへたと種を取り除き、さらに縦半分に切る。

たれ
├ 白いりごま ················ 大さじ1
├ しょうゆ ·················· 大さじ2
├ 砂糖 ······················ 大さじ1
├ 酢 ························ 小さじ1
├ ラー油 ···················· 少々
└ こしょう ·················· 少々
塩 ···························· 少々
揚げ油 ························ 適量

1 混ぜる
ボウルにたれの材料を入れ、よく混ぜる。

2 ピーマンを揚げる
揚げ油を中温(170〜180℃)に熱し、ピーマンを入れる。ときどき返しながら、30秒ほど揚げて油をきり、塩をふる。

3 手羽先を揚げる
揚げ油を低温(160〜170℃)に熱し、手羽先を入れる。ときどき返しながら6〜7分揚げ、カリッとしたら油をきる。

4 からめる
1に手羽先を加えてよくからめ、2〜3分おく。汁けをかるくきって器に盛り、ピーマンを添える。

素揚げにした手羽先をたれにジュッとからめます。
たれは、甘辛い味が大人気の名古屋風。
ごま、しょうゆ、砂糖、ラー油の
配合が絶妙で、
ついつい、何本でも食べたくなるおいしさ。

Part 2　チキンデリ

照り焼きチキン

材料(2人分)と下ごしらえ

鶏もも肉 ……………… 小2枚(400g)
　余分な脂肪を取り除き、皮の面を下にして、横長にまな板に置く。縦に5mm深さほどの切り目を4〜5本入れ、筋を切る。

しし唐辛子 …………………… 6本
　へたの先を少し切り落とし、切り目を1〜2カ所入れる。

生しいたけ …………………… 4個
　軸を切り落とし、半分に切る。

下味
├ しょうが汁 ……………… 大さじ1/2
└ 酒、しょうゆ …………… 各大さじ1/2

調味用
├ 酒、しょうゆ ………… 各大さじ1と1/2
└ 砂糖、みりん …………… 各大さじ1

サラダ油 ………………… 大さじ1
塩 ………………………… 少々

1 下味をつける
皿などに下味の材料を入れて混ぜる。鶏肉を加えてからめ、10分ほどおく。

2 混ぜる
別のボウルに調味用の材料を入れ、よく混ぜる。

3 野菜を炒める
フライパンにサラダ油大さじ1/2を中火で熱し、しいたけを入れてさっと炒め、ふたをして1分30秒ほど蒸し焼きにする。ふたを取り、しし唐を加えて炒め合わせる。しし唐が少ししんなりとしたら、塩をふって混ぜ、取り出す。

4 鶏肉を焼く
鶏肉の汁けを拭く。3のフライパンを拭いて、サラダ油大さじ1/2を中火で熱し、鶏肉の皮の面を下にして入れる。フライパンよりもひと回り小さい平らなふたをのせ、かるく押さえながら4〜5分焼く。鶏肉を裏返して弱めの中火にし、ふたをせずに5分ほど焼いて火を通す。

5 調味する
鶏肉の両面に焼き色がついたら余分な脂を拭き取り、2を加えて手早く煮からめる。取り出して食べやすい大きさに切り、野菜と合わせて器に盛る。フライパンに残った調味料をかける。

見た目にもそそられる、しっかり味の照り焼きチキン。
もちろん、おうちでもおいしく、本格味に作れます。
コツは、香ばしく焼いた鶏もも肉に、
調味料を照りよく、つやよく煮からめること。
白いご飯にたれごとのせて、どんぶりにするのもおすすめ。

Part 2 チキンデリ

骨つきもも肉のロースト

材料(2人分)と下ごしらえ

鶏もも骨つき肉……………2本(450g)
　余分な脂肪を取り除く。皮の面を下にして置き、骨に沿って1〜2cm深さの切り込みを入れる。

じゃがいも……………………2個
　皮つきのまま、縦4つ割りにする。5分ほど水にさらして水けをきり、全体に塩少々をふる。

にんにく……………………小1/2個
　薄皮をつけたまま、1かけずつに分ける。

ローズマリー…………………3〜4本
　粗くちぎる。

塩……………………………小さじ1弱
粗びき黒こしょう………………少々
オリーブ油……………………大さじ3

1 塩、こしょうをふる
耐熱皿に鶏肉をのせる。両面に塩、粗びき黒こしょうをふり、15分ほどおく。

2 オリーブ油をかける
1のあいたところに、じゃがいも、にんにくをのせる。ローズマリーを散らしてオリーブ油を回しかけ、全体にからめる。

3 焼く
オーブンの天板に2をのせる。230℃に温めたオーブンに入れ、30〜35分焼く。途中、2回取り出し、鶏肉とじゃがいもの上下を返して、オリーブ油を全体にからめてまぶす。

4 焼き上がり
鶏肉の中心に竹串を刺してみて、透き通った汁が出てきたら、器に盛る。

Part 2 チキンデリ

ちょっとうれしいことがあったときや、
記念日にこんなごちそうがあったら、最高!
だけど作り方は、いたってシンプル。
下味をつけた骨つきもも肉と、
じゃがいもを天板にのせてオーブンで焼くだけ!
にんにくをつぶして、鶏肉に塗りながらどうぞ。

チキン南蛮のタルタルソースかけ

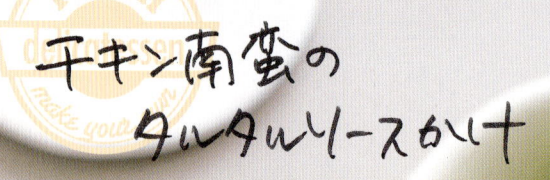

知名度が定着してきた宮崎のソウルフード、チキン南蛮。
小麦粉と溶き卵をつけて揚げた鶏肉に、まず甘酢をからめます。
そして、器に盛って薬味入りのタルタルソースをかければ、完成！
鶏肉のうまみ、甘酢のさっぱり、タルタルのこってり感が、絶妙のバランスです。

材料(2人分)と下ごしらえ

鶏胸肉‥‥‥‥‥‥‥‥‥‥ 1枚(250g)
　厚みを2等分にするようにそぎ切りにし、両面に塩、こしょう各少々をふって10分ほどおく。

レタスの葉‥‥‥‥‥‥‥‥‥‥ 2枚
　食べやすい大きさにちぎる。

たれ
├ 酢‥‥‥‥‥‥‥‥‥‥‥ 大さじ3
├ みりん、しょうゆ‥‥‥‥ 各大さじ2
└ 砂糖‥‥‥‥‥‥‥‥‥‥ 小さじ1

タルタルソース
├ 玉ねぎのみじん切り‥‥‥ 大さじ2
├ らっきょうのみじん切り(あれば)
│ ‥‥‥‥‥‥‥‥‥‥‥‥ 大さじ1
├ パセリのみじん切り‥‥‥ 大さじ1
├ マヨネーズ‥‥‥‥‥‥‥ 大さじ3
├ 牛乳‥‥‥‥‥‥‥‥‥‥ 大さじ1
└ 塩、こしょう‥‥‥‥‥‥ 各少々

小麦粉、揚げ油、溶き卵‥‥‥‥ 各適量

ワンポイントMEMO

あまったパセリは冷凍保存

パセリがあまったら、房をちぎり、ジッパーつきの保存袋に入れて冷凍保存しておくのがおすすめ。使うときは、凍ったまま手でくずせばOK。3週間ほどおいしく食べられます。

1 たれを混ぜる
耐熱のボウルにたれの材料を入れ、よく混ぜる。ラップをせずに電子レンジに1分ほどかける。

2 ソースを混ぜる
別のボウルにタルタルソースの材料を入れて、よく混ぜる。

3 ころもをつける
鶏肉の汁けを拭き、小麦粉を薄くまぶす。余分な粉は、はたいて落とす。

4 揚げる
揚げ油を中温(170〜175℃)に熱し、鶏肉を溶き卵にくぐらせてから入れる。ときどき返しながら2〜3分揚げ、カリッとしたら油をきる。

5 たれをかける
4の鶏肉の両面にたれをかけてからめ、1〜2分おく。器にレタスを盛って鶏肉をのせ、タルタルソースをかける。

Part 2 チキンデリ

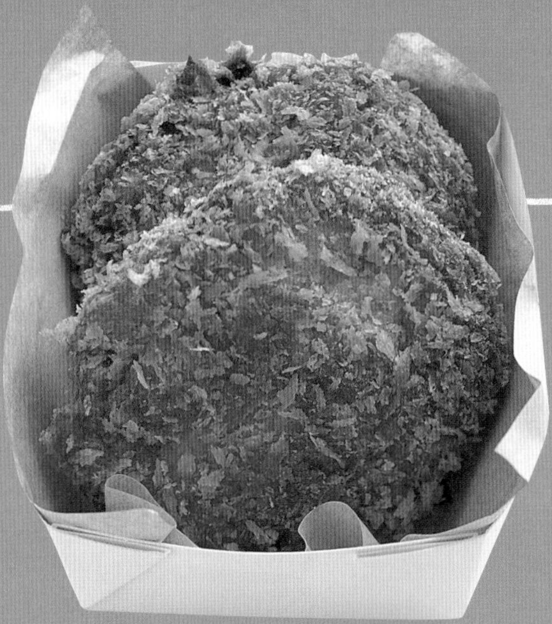

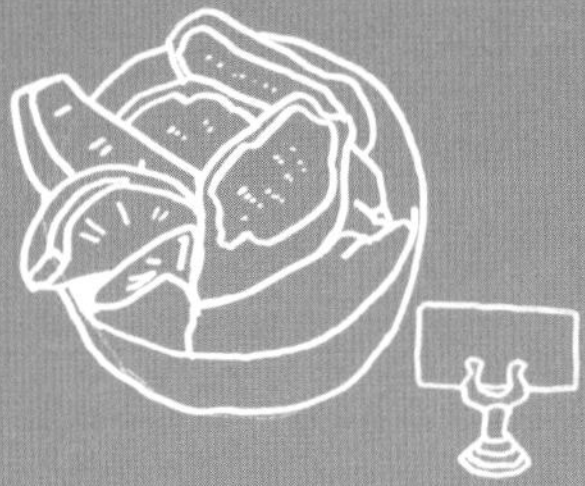

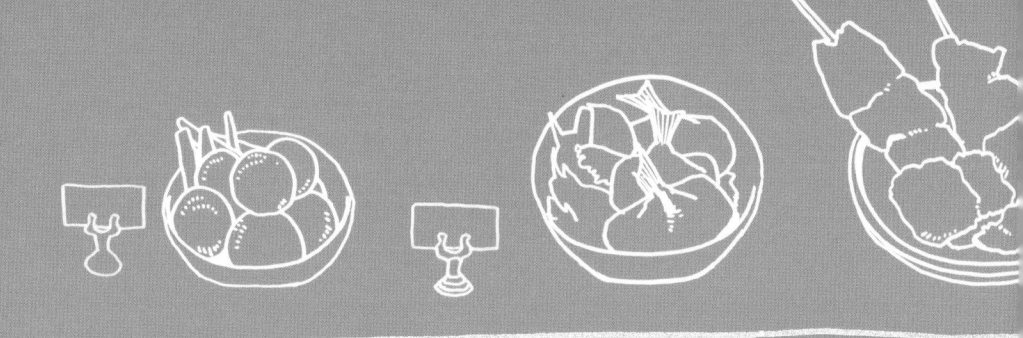

Part 3

フライパンで、サクッと揚げればOK。

揚げものデリ

串カツ、メンチ、コロッケ。
揚げものは敬遠しがちなメニューだけど、作ってみれば意外とカンタン。
下味やころもをつけて、フライパンに多めの油を入れて揚げれば、完成!
カリッと香ばしい揚げたてが食べられるのは、
まさにおうちだからこそ!

牛肉、玉ねぎ、エリンギの串カツ

材料(2人分)と下ごしらえ

牛もも肉(1.5〜2cm厚さのもの)
………………………… 約150g
8等分の角切りにする。

玉ねぎ……………………… 小1/4個
縦半分に切り、長さを半分に切る。

エリンギ…………………… 1本(40g)
長さを半分に切り、縦半分に切る。

キャベツ…………………… 1/4個
縦3等分のくし形に切る。

塩、粗びき黒こしょう………… 各少々
小麦粉、溶き卵、パン粉、揚げ油… 各適量
とんかつソース………………………… 適量

1 下味をつける
牛肉全体に塩、粗びき黒こしょうをふる。

2 刺す
竹串1本に玉ねぎ1切れ、牛肉1枚、エリンギ1切れ、牛肉1枚の順に刺す。計4本作る。

3 ころもをつける
2に小麦粉を薄くまぶす。余分な粉は、はたいて落とす。溶き卵、パン粉の順にころもをつける。

4 揚げる
揚げ油を中温(170〜180℃)に熱し、3を2本ずつ入れて、ときどき返しながら2〜3分揚げる。カリッとしたら取り出して残りも同様に揚げ、油をきって器に盛る。キャベツ、とんかつソースを添える。

おうちで作る楽しみは、いろんな素材でアレンジができること。
ここでは、牛肉、玉ねぎ、エリンギのちょっと意外な組み合わせ。
豚肉とはひと味違う、牛肉の濃厚なうまみが楽しめます。
一度作ってみたら、オリジナルの串カツにもチャレンジしてみて。

Part 3 揚げものデリ

明太子と長ねぎサンドカツ

明太子とみじん切りの長ねぎを混ぜて、
豚薄切り肉にはさんで、カリッと揚げて。
新しい味の発見ができます！
明太子のプチプチ感と長ねぎの香り、
豚肉のこくがおいしくマッチ。
ご飯のおかずに、おつまみに。

材料(2人分)と下ごしらえ

豚ロース薄切り肉	8枚(160g)
筋を切る。	
辛子明太子	1/2腹(40g)
薄皮に切り目を入れ、包丁の先で中身をしごき出す。	
長ねぎ	8cm
みじん切りにする。	
キャベツの葉	2枚
5〜6cm長さのせん切りにする。	
レモン	1/2個(縦半分に切ったもの)
縦3等分のくし形に切る。	

ころも
- 卵 ………………………… 1個
- 小麦粉 ………………… 大さじ2と1/2
- サラダ油 ……………… 大さじ1/2
- 塩、こしょう …………………… 各少々

パン粉、揚げ油 ……………………… 各適量

1 具を混ぜる
ボウルに明太子、長ねぎを入れ、よく混ぜる。

2 ころもを混ぜる
別のボウルに卵を溶きほぐし、残りの材料を加えて、泡立て器でよく混ぜる。

3 はさむ
豚肉2枚を少しずらして重ね、計4組準備しておく。1組を横長に置き、*1*の1/2量をのせて広げる。豚肉の脂肪の位置が反対になるように、豚肉1組を重ねる。周りを指で押さえ、しっかりとはさむ。残りも同様にはさむ。

4 ころもをつける
*3*を*2*にくぐらせ、パン粉をつける。

5 揚げる
揚げ油を中温(170〜180℃)に熱し、*4*を入れて1分30秒〜2分揚げる。裏返してさらに1分30秒ほど揚げ、カリッとしたら油をきる。食べやすい大きさに切って、器に盛り、キャベツ、レモンを添える。

Part 3 揚げものデリ

たっぷりキャベツのメンチカツ

材料(2人分)と下ごしらえ

合いびき肉(あれば赤身)	150g
キャベツの葉	2枚(100g)

5mm四方に切る。

玉ねぎ ………… 1/4個
みじん切りにする。

たね用
- 溶き卵 ………… 1/2個分
- 粒マスタード ………… 小さじ1/2
- トマトケチャップ ………… 小さじ1/2
- 片栗粉 ………… 小さじ1/2
- 塩、粗びき黒こしょう ………… 各少々

小麦粉、溶き卵、パン粉、揚げ油… 各適量
とんかつソース、トマトケチャップ
  ………… 各大さじ1と1/2

1 電子レンジで加熱する
耐熱のボウルにキャベツを入れ、ラップをかけて電子レンジで1分ほど加熱する。粗熱が取れたら、手で水けを絞る。

2 練り混ぜる
ボウルにひき肉、キャベツ、玉ねぎ、たね用の材料を入れ、粘りが出るまで手でよく練り混ぜる。2等分にして、小判形にまとめる。

3 ころもをつける
*2*に小麦粉を薄くまぶす。余分な粉は、はたいて落とす。溶き卵、パン粉の順にころもをつける。

4 揚げる
揚げ油を低温(160～170℃)に熱し、*3*を入れて、3～4分揚げる。裏返してさらに3～4分揚げ、カリッとしたら油をきる。器に盛り、とんかつソースとトマトケチャップをさっと混ぜて添える。

Part 3　揚げものデリ

たねに粗く刻んだキャベツをいっぱい入れるのが、おいしいワザ。
キャベツの甘みと食感で、ふわっと軽い口当たりに仕上がります。
トマトケチャップを混ぜたとんカツソースをかけて食べると、絶品！
トーストにはさんでも、イケます。

えびと帆立て貝柱のコロッケ

材料（2人分）と下ごしらえ

- **えび** ……………… 小10尾（正味100g）
  殻をむいて背わたを取り除き、片栗粉小さじ1をふってからめる。さっと水洗いをして水けを拭き、包丁で細かくたたく。
- **帆立て貝柱** ……………… 3〜4個（100g）
  包丁で細かくたたく。
- **玉ねぎ** ……………… 1/10個（20g）
  みじん切りにする。
- **プチトマト** ……………… 12個
  へたを取り除く。
- **調味用**
  - 塩、こしょう ……………… 各少々
  - 片栗粉、酒 ……………… 各小さじ1
- 小麦粉、溶き卵、パン粉 ……… 各適量
- バター ……………… 大さじ1
- オリーブ油 ……………… 適量
- 塩、粗びき黒こしょう ……… 各少々

ワンポイントMEMO
えび1種類だけで作ってもOK
帆立てを入れずに、えびだけで作ってもおいしく仕上がります。正味200gを準備すればOK。トマトケチャップ＋レモン汁のソースをかけても、美味。

1 練り混ぜる
ボウルにえび、帆立て、玉ねぎ、調味用の材料を入れ、なめらかになるまで手でよく練り混ぜる。

2 まとめる
1を4等分にして平たい円形にまとめる。バットなどにのせてラップをし、冷蔵庫に入れて20分ほどおく。

3 ころもをつける
2に小麦粉を薄くまぶす。余分な粉は、はたいて落とす。溶き卵、パン粉の順にころもをつける。

4 揚げ焼きにする
フライパンにバター、オリーブ油大さじ4を入れて中火で熱し、3を加えて3分ほど揚げ焼きにする。裏返してさらに2〜3分揚げ焼きにし、両面がカリッとしたら油をきる。フライパンの油を拭いて、オリーブ油少々を強火で熱し、プチトマトを入れてさっと炒め、塩、粗びき黒こしょうをふる。器にえびと帆立て貝柱のコロッケ、プチトマトを盛る。

Part 3 揚げものデリ

えびと帆立てを細かくたたいて、たねにしました。
これは、とびっきりのごちそうです。
プリッとした食感と、上品な甘みがふわっ。
ソテーした甘いプチトマトといっしょに食べると、幸せ気分いっぱい。
おもてなしにも、胸を張れます。

かぼちゃコロッケ

材料(2人分)と下ごしらえ

ハム ………………………… 3枚
　5〜7mm四方に切る。

かぼちゃ … 1/4個(正味・皮をむいて250g)
　わたと種を取り除いて、縦2〜4等分に切る。

万能ねぎ …………………… 3本
　小口切りにする。

きゅうり …………………… 2/3本
　縦6つ割りにする。

塩、こしょう ……………… 各少々
小麦粉、溶き卵、パン粉、揚げ油 … 各適量

1 つぶす
耐熱皿にかぼちゃをのせてラップをかけ、電子レンジで7分ほど加熱する。皮をむいてボウルに移し、フォークの背で細かくつぶす。

2 混ぜる
*1*にハム、万能ねぎ、塩、こしょうを加え、よく混ぜる。

3 ころもをつける
*2*を6等分にして、だんご状にまとめ、小麦粉を薄くまぶす。余分な粉は、はたいて落とす。溶き卵、パン粉の順にころもをつける。

4 揚げる
揚げ油を中温(170〜180℃)に熱し、*3*を入れて、ときどき返しながら1〜2分揚げる。カリッとしたら油をきり、器に盛ってきゅうりを添える。

ちょっと面倒な気がしますが、作ってみれば意外とカンタン。
かぼちゃをチンして、具を混ぜて、ころもをつけて揚げるだけ!
ホクホクの甘いかぼちゃに、ハムの塩けがおいしくマッチ。
キュートなひと口サイズで、食べやすく。

Part 3 揚げものデリ

69

いわしの青じそ巻きフライ

手開きしたいわしにみそを塗って、青じそをのせてクルッと巻きます。
ころもをつけて、香ばしく揚げれば完成！
みそと青じその香りが、いわしの独特のうまみを引き立てます。
揚げたてがいちばんおいしいから、やっぱり手作り！

材料(2人分)と下ごしらえ

いわし(20cm長さほどのもの) ……4尾
うろこをこそげ取り、頭を落として腹の端を切り落とし、内臓をかき出してよく水洗いをする。頭の切り口から親指を中骨に沿わせながら尾に向かってすべらせ、身を開いて中骨をはずし、腹骨をそぎ取る。両面に塩、こしょう各少々、酒大さじ1をふり、5分ほどおく。

青じそ……………………………4枚

ベビーリーフ…………1パック(50g)
5分ほど水にさらし、水けを拭く。

みそ……………………………大さじ1/2
小麦粉、溶き卵、パン粉、揚げ油…各適量
マヨネーズ……………………………適量

ワンポイントMEMO

いわしは開いたものを買っても

いわしをさばくのが面倒なときは、開いたものを買っても、もちろんOK。一尾ものしか売っていない場合は、お店の人に開いてもらうように頼めば、さばいてくれることもあります。

1 のせる

いわしの汁けを拭き、尾が向こう側、身が上になるように置く。みそを等分にのせて塗り、青じそを1枚ずつのせる。

2 巻く

1のいわしの手前からきつめに巻き、巻き終わりに楊枝を刺して留める。

3 ころもをつける

2に小麦粉を薄くまぶす。余分な粉は、はたいて落とす。溶き卵、パン粉の順にころもをつける。

4 揚げる

揚げ油を低温(160〜170℃)に熱し、3を入れて、ときどき返しながら4〜5分揚げる。カリッとしたら油をきり、楊枝をはずす。器にベビーリーフ、いわしの青じそ巻きフライを盛り、全体にマヨネーズをかける。

Part 3 揚げものデリ

鮭のパセリチーズフライ

材料(2人分)と下ごしらえ

生鮭の切り身	2切れ(200g)

あれば骨を取り除く。

下味
- 塩 …… 小さじ1/3
- こしょう …… 少々
- レモン汁 …… 大さじ1

ころも
- パン粉 …… 1カップ
- パセリのみじん切り …… 大さじ2
- 粉チーズ …… 大さじ2

小麦粉、溶き卵、揚げ油 …… 各適量

1 下味をつける
バットなどに鮭を入れ、両面に下味の材料をふってからめ、10〜15分おく。

2 混ぜる
別のバットにころもの材料を入れ、よく混ぜる。

3 ころもをつける
鮭の汁けを拭き、小麦粉を薄くまぶす。余分な粉は、はたいて落とす。溶き卵、2の順にころもをつける。

4 揚げる
フライパンに揚げ油を1cm深さほど入れて中温(170〜180℃)に熱し、3を入れて2分ほど揚げる。裏返してさらに2分ほど揚げ、カリッとしたら油をきって器に盛る。

ワンポイントMEMO

ころものアイデアバリエーション

パセリや粉チーズ以外にも、バジルやタイムなどの乾燥スパイス、みじん切りの青じそやアーモンドを使うのもおすすめ。

Part 3 揚げものデリ

おなじみの鮭の切り身も、ころもにひと工夫して揚げるだけで、
ごちそうおかずに大変身!
ここでは、パン粉にパセリのみじん切りと粉チーズをプラス。
リッチでこくのあるおいしさに仕上がります。
たらやかじき、あじなどで作ってもおいしい。

たこ、長ねぎ、三つ葉のかき揚げ

材料(2人分)と下ごしらえ

ゆでたこの足 …………… 100〜120g
　太いものは縦2〜4等分に切り、7〜8mm厚さに切る。

長ねぎ ………………………… 1本
　横に7〜8mm幅に切る。

三つ葉 ……………… 1/2パック(30g)
　2cm長さに切る。

レモン(縦半分に切ったもの) …… 1/2個
　縦3等分のくし形に切る。

ころも
　┌ 天ぷら粉(市販品) … 2/3カップ弱(120mℓ)
　└ 冷水 …………… 2/3カップ弱(120mℓ)

天ぷら粉(市販品) ……………… 大さじ2
揚げ油、塩、粗びき黒こしょう…… 各適量

1 混ぜる
ボウルにころもの材料を入れ、なめらかになるまでよく混ぜる。

2 まぶす
別のボウルにたこ、長ねぎ、三つ葉を入れ、さっと混ぜる。天ぷら粉を加えて混ぜ、全体にまぶす。

3 ころもを加える
*2*に*1*を加え、さっくりと混ぜ合わせる。

4 揚げる
揚げ油を中温(170〜180℃)に熱し、*3*を1/4量ずつまとめて入れ、1分ほど揚げる。裏返して菜箸で2〜3カ所つつき、さらに1分ほど揚げる。カリッとしたら油をきり、器に盛る。レモン、塩と粗びき黒こしょうを混ぜたものを添える。

ワンポイントMEMO

かき揚げにおすすめの具

こんな具も楽しんで。豚薄切り肉＋ざく切りキャベツ＋小口切りの万能ねぎ。えびのむき身＋玉ねぎと生しいたけの角切り。

Part 3 揚げものデリ

おうちで作れば具だくさん、しかも揚げたてのあつあつが食べられるのが、うれしい！
具はザクザク切ればいいものばかりなので、超らくちん。
プリッとしたたこの口当たり、野菜の香りが絶妙バランス。
残ったら、翌日にうどんやそばの具にしましょう。

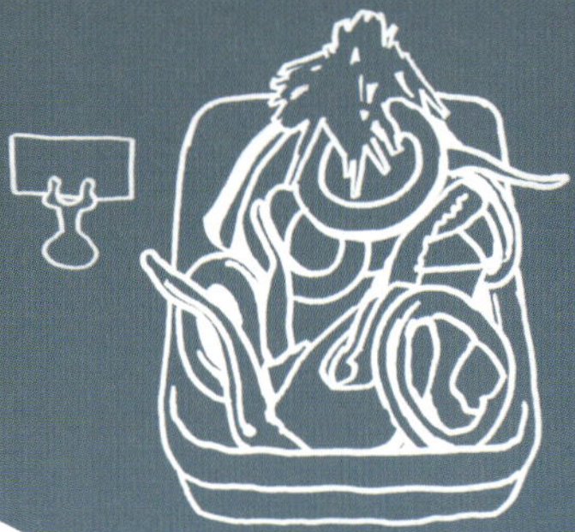

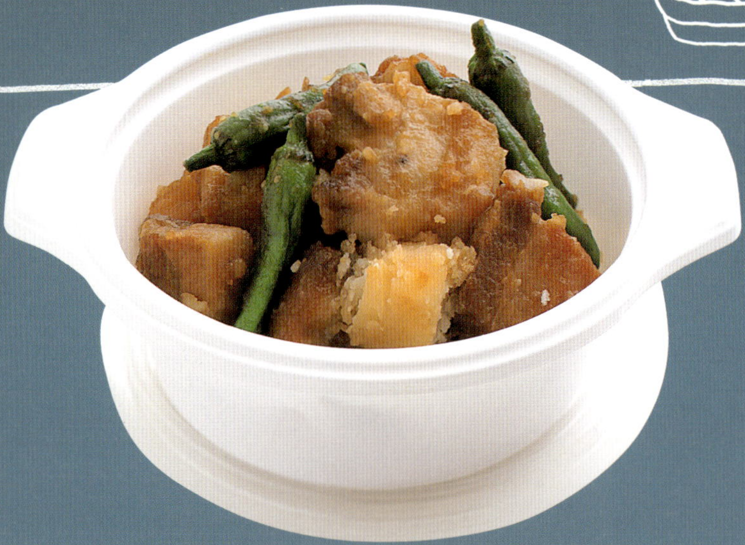

Part 4

煮もの、照り焼き、ご飯もおまかせ！

和風デリ

しっかり味がしみた煮もの、
香りよく焼き上げた照り焼き、ひと味違うご飯もの。
これらも、その気になれば、すぐできる！
ひとつひとつのプロセスを、ていねいに楽しみながら作れば、カンタン。
キッチンの湯気や香りも、とびっきりのごちそうです。

豚バラとじゃがいもの煮もの

うまみの濃い豚バラ肉を大ぶりに切って、
じゃがいもとほっくり煮含めます。
じゃがいもに豚肉のうまみがじっくりとしみて、たまらないおいしさ。
味がなじんだ翌日もおいしいから、
ちょっと多めに作りましょう。

BUTABARA TO
JYAGAIMO NO
NIMONO

→ 作り方は80ページ

鶏ぶつ切り肉と里いもの煮もの

骨つきの鶏肉を使うと、濃厚な味わいに仕上がります。
甘辛いしっかり味だから、ご飯のおかずにもってこい。
おいしい煮汁を含ませるように、
照りよく、つやよく煮からめるのがおいしい秘訣。

TORIBUTSUGIRINIKU
TO SATOIMO NO
NIMONO

→作り方は81ページ

Part 4 和風デリ

豚バラとじゃがいもの煮もの

材料(作りやすい分量・3〜4人分)**と下ごしらえ**

豚バラ肉(かたまり) ……………… 400g
　1cm厚さに切る。

じゃがいも ………………………… 大2個
　皮をむいて食べやすい大きさに切り、5分ほど水にさらして水けをきる。

しし唐辛子 ………………………… 10本
　へたの先を少し切り落とし、切り目を2カ所に入れる。

だし汁 …………………… 1と1/2カップ
調味用
　┌ 酒 …………………………… 大さじ2
　│ 砂糖 ……………………… 大さじ1と1/2
　│ 塩 ……………………………… 少々
　└ しょうゆ …………………… 大さじ2

ワンポイントMEMO

残った煮ものは冷蔵庫で保存

よく冷ましてから密閉容器に入れ、冷蔵庫で保存を。食べきれるまで、毎日、電子レンジで加熱すれば、おいしく食べられます。

1 焼く
フライパンを中火で熱して豚肉を入れ、余分な脂をペーパータオルで拭き取りながら、両面を焼く。

2 炒める
豚肉に焼き色がついたらじゃがいもを加え、1分ほど炒め合わせる。

3 煮る
じゃがいもが透き通ってきたら、だし汁を加える。煮立ったら、弱火にしてアクと脂をすくい、調味用の材料を順に加えて混ぜ、ふたをして8〜10分煮る。全体を大きく混ぜ、さらに8〜10分煮る。

4 しし唐を加える
じゃがいもに竹串を刺してみて、スーッと通るようになったら中火にし、しし唐を加える。汁けがほぼなくなるまで、煮からめる。

鶏ぶつ切り肉と里いもの煮もの

材料(作りやすい分量・3～4人分)と下ごしらえ

鶏もも骨つきぶつ切り肉	400g
里いも	大5個(450g)

皮をむき、斜め半分に切る。

にんじん……………………1本
　皮をむき、一口大の乱切りにする。
塩……………………………小さじ1弱
サラダ油……………………大さじ1
だし汁………………………1と1/2カップ
調味用
　┌酒…………………………大さじ2
　│砂糖………………………大さじ1と1/2
　│みりん……………………大さじ1
　└しょうゆ…………………大さじ2と1/2

1 塩もみをする
里いもはボウルに入れて塩をふり、手でよくもむ。ぬめりが出たら水洗いをし、水けをきる。

2 ゆでる
フライパンに湯を沸かし、鶏肉を入れて1分ほどゆでる。ざるに上げて水洗いをし、水けをきる。

3 炒める
2のフライパンを拭いて、サラダ油を中火で熱し、鶏肉を入れて全体をさっと焼く。里いもを加えて2分ほど炒め合わせ、里いもが透き通ってきたら、にんじんを加えて炒める。

4 煮る
全体に油が回ったら、だし汁を加える。煮立ったら、弱めの中火にしてアクをすくい、調味用の材料を順に加えて混ぜ、ふたをして20～25分煮る。途中で一度ふたを取り、全体を混ぜる。

5 煮上がり
里いもに竹串を刺してみて、スーッと通るようになったら中火にし、フライパンをゆすりながら、煮汁がほぼなくなるまで煮からめる。

Part 4 和風デリ

いかと大根の煮もの

「つい、デパ地下で買いたくなる」煮もののひとつ。
思いきって、チャレンジしてみる価値ありです。
いかの下ごしらえさえクリアできれば、
あとはフライパンに入れて煮るだけ。
価格は半分、おいしさ5倍で作れます。

IKA TO DAIKON NO NIMONO

作り方は84ページ

いわしのしょうが煮

いわしの下ごしらえは、頭を落として内臓を取り除くだけでOK。
フッ素樹脂加工のフライパンで煮れば、
焦げつく心配もなく、ふっくらと煮上がります。
野菜もいっしょに煮ると、
いわしも野菜もグンとおいしく仕上がります。

IWASHI NO SHOUGANI

→ 作り方は85ページ

Part 4 和風デリ

いかと大根の煮もの

材料(作りやすい分量・3〜4人分)と下ごしらえ

- **するめいか**……………1ぱい(約300g)
  胴と足のつながっている部分をはずす。胴は軟骨を取り除き、水洗いをして水けを拭く。1cm厚さの輪切りにする。足は内臓を落とし、目とくちばしを取り除いて2本ずつに切り分ける。
- **大根(太いもの)**……10cm(450〜500g)
  2〜2.5cm厚さにきって皮をむき、縦半分に切る。
- **わけぎ**……………………………2本
  3〜4cm幅の斜め切りにする。
- **しょうが**…………………………1かけ
  皮をむき、せん切りにする。5分ほど水にさらし、水けをきる。
- **サラダ油**………………………大さじ1

調味用
- しょうがの皮………………1かけ分
- 酒………………………………大さじ3
- しょうゆ…………………大さじ2と1/2
- みりん……………………大さじ1と1/2
- 砂糖……………………………大さじ1

1 焼く
フライパンにサラダ油を中火で熱し、大根を入れて両面を焼く。焼き色がついたらざるに取り出し、熱湯を回しかけて水けをきる。

2 煮からめる
1のフライパンを拭いて、調味用の材料を入れて混ぜ、中火にかける。煮立ったらいかを加え、菜箸で混ぜながらさっと煮からめる。いかの色が変わったら、いかを取り出す。

3 大根を煮る
2の煮汁に水1と1/2カップをたし、強火にする。煮立ったら、中火にしてアクをすくい、1の大根を加える。再び煮立ったら弱火にし、ふたをして20〜25分煮る。途中で一度ふたを取り、上下を返す。

4 いか、わけぎを加える
大根に竹串を刺してみて、スーッと通るようになったら強めの中火にし、2のいか、わけぎを順に加える。フライパンをゆすりながら、煮汁が少なくなるまでさっと煮からめる。器に盛り、しょうがをのせる。

いわしのしょうが煮

材料(2人分)と下ごしらえ

- いわし(20cm長さほどのもの)… 4尾(400g)
  頭を落とし、腹の端を切り落として内臓をかき出す。よく水洗いをして、水けを拭く。
- 生しいたけ … 3個
  石づきを切り落とし、半分に切る。
- ピーマン … 3個
  縦半分に切ってへたと種を取り除き、さらに縦半分に切る。
- しょうが … 1かけ
  皮をむき、薄切りにする。
- にんにく … 小1かけ
  横薄切りにする。
- 煮汁
  - 水 … 1と1/4カップ
  - 酒、みりん、しょうゆ … 各大さじ1と1/2
  - 酢 … 大さじ1/2

1 煮汁を作る
フライパンにしょうが、にんにく、煮汁の材料を入れて混ぜ、強火にかける。

2 いわしを並べる
1が煮立ったら、盛りつけたときに表になる面(腹が手前、尾が右側)を上にして並べ入れる。

3 煮る
煮汁が再び煮立ったら中火にし、ふたをして10分ほど煮る。

4 野菜を加える
3のふたを取り、いわしにスプーンで煮汁をかける。あいたところにしいたけ、ピーマンを加え、再びふたをして3〜5分煮る。野菜がしんなりとしたら、器に盛る。

ぶりのカレーじょうゆ照り焼き

照り焼きの進化バージョン。
下味にカレー粉+しょうが汁をからめて
スパイシーな香りをプラス。
臭みも取れるし、味わいもグンとアップします。
冷めてもおいしいので、お弁当のおかずにもおすすめ。

BURI NO CURRY-
JOUYU TERIYAKI

➔ 作り方は88ページ

えびのれんこんはさみ揚げ

えびを包丁でたたいて、れんこんではさんでカラリと揚げて。
えびのやさしい甘み、れんこんの歯ごたえが、
とびっきりの味わいです。
揚げたてにすだちやレモンをギュッと絞って、どうぞ。
日本酒や白ワインにも、よく合います。

EBI NO RENKON HASAMIAGE

→ 作り方は89ページ

Part 4 和風デリ

ぶりのカレーじょうゆ照り焼き

材料(2人分)と下ごしらえ

ぶりの切り身	2切れ(200g)
玉ねぎ…小1/2個(横半分に切ったもの) 厚みを半分に切る。	

下味
- しょうが汁……………小さじ1
- 塩、カレー粉…………各少々

サラダ油………………大さじ1/2
小麦粉……………………適量
調味用
- 酒、しょうゆ、みりん……各大さじ1

1 下味をつける
ぶりの両面に下味の材料をふってからめる。15〜20分おく。

2 玉ねぎを焼く
フライパンにサラダ油を中火で熱し、玉ねぎを入れて両面を焼く。焼き色がついたら、取り出す。

3 まぶす
ぶりの汁けを拭き、小麦粉を薄くまぶす。余分な粉は、はたいて落とす。

4 ぶりを焼く
2のフライパンを弱めの中火で熱し、ぶりを入れて3〜4分焼き、裏返してさらに3〜4分焼く。途中、脂が出てきたら、ペーパータオルで拭き取る。

5 調味する
ぶりの両面に焼き色がついたら、玉ねぎを1〜2切れずつにほぐして加え、調味用の材料を加えて手早く煮からめる。

ワンポイントMEMO

こんな切り身で作っても

ぶりの代わりに生鮭、めかじき、さばなどで作ってもおいしい。いろんな切り身で試してみましょう。

えびのれんこんはさみ揚げ

材料(2人分)と下ごしらえ

- えび ……………… 小15尾(正味150g)
  殻をむき、背わたを取り除く。片栗粉大さじ1/2をふってから、さっと水洗いをして水けを拭き、包丁で細かくたたく。
- れんこん ……… 6〜8cm(120〜150g)
  皮をむき、酢少々を混ぜた酢水に5分ほどさらす。3〜4mm厚さの輪切りにし(20枚用意する)、水けを拭く。
- 長ねぎ ………………………………… 7cm
  みじん切りにする。
- すだち(またはレモン) ……………… 2個
  横半分に切る。
- 調味用
  - しょうが汁 ……………………… 小さじ1
  - 酒、片栗粉 …………………… 各小さじ1
  - 塩 …………………………… 小さじ1/4
  - こしょう ………………………………… 少々
- 片栗粉、揚げ油 ………………… 各適量

1 混ぜる
ボウルにえび、長ねぎ、調味用の材料を入れて、よく混ぜる。

2 はさむ
れんこん10枚に 1 を等分にのせ、れんこんを1枚ずつ重ねてはさむ。

3 まぶす
2 に片栗粉を薄くまぶす。余分な粉は、手ではたいて落とす。

4 揚げる
揚げ油を中温(170〜180℃)に熱し、3 を入れて2分ほど揚げる。裏返してさらに2分ほど揚げ、カリッとしたら油をきる。器に盛り、すだちを添える。

Part 4 和風デリ

まぐろのづけ丼

「おうちならでは」のまぐろ丼をご紹介します。
すし飯にたくあん、きゅうり、ごまを混ぜたアイデアバージョン。
これが、「づけ」にしたまぐろと相性抜群。
たくあんときゅうりの歯ごたえが、おいしい、楽しいアクセント。
ぜひ、お試しを。

MAGURO NO ZUKEDON

作り方は92ページ

鮭といくらの炊きおこわ

このおこわなら炊飯器で手軽に、おいしく作れます！
もち米と普通のお米をブレンドして炊くから、ほどよくモチモチ。
鮭のうまみがしみたご飯は、最高のおいしさです。
いくらはいっしょに炊かずに、
器に盛ってから、たっぷりとのせてどうぞ。

SAKE TO
IKURA NO
TAKIOKOWA

→ 作り方は93ページ

Part 4　和風デリ

まぐろのづけ丼

材料(2人分)と下ごしらえ

温かいご飯	400g
まぐろの赤身(刺し身用・さく)	150g

6〜7mm厚さに切る。

きゅうり……………………1本
　3〜4mm厚さのいちょう切りにしてボウルに入れ、塩少々をふってもみ、5分ほどおく。しんなりとしたら、さっと水洗いをして、水けを絞る。

たくあん……………………15〜20g
　4〜5mm角に切る。

白いりごま…………………大さじ1

合わせ酢
　酢………………………大さじ2
　砂糖……………………大さじ1
　塩………………………小さじ1/2弱

漬け汁
　おろしわさび…………少々
　しょうゆ………………小さじ2

ワンポイントMEMO
残った刺し身は
薄切りにして密閉容器に入れ、わさびじょうゆを加えて冷蔵庫で保存を。身がしまり、味わい深くなります。翌日には食べるようにしましょう。ほかの刺し身で作っても、おいしい。

1 合わせ酢を作る
ボウルに合わせ酢の材料を入れ、よく混ぜる。

2 すし飯を作る
大きめのボウルにご飯を入れ、1を回しかける。しゃもじでさっくりと混ぜ、粗熱を取る。

3 漬ける
別のボウルに漬け汁の材料を入れて混ぜ、まぐろを加えてからめ、10分ほどおく。

4 混ぜる
2にきゅうり、たくあん、ごまを加え、混ぜ合わせる。器に盛り、まぐろをのせる。

鮭といくらの炊きおこわ

材料(2人分)と下ごしらえ

米	1/2合(90mℓ)
もち米	1と1/2合(270mℓ)
甘塩鮭の切り身	小2切れ(160g)
皮と骨を取り除く。	
いくら	約大さじ3
生しいたけ	3個
軸を切り落とし、薄切りにする。	
三つ葉	5〜6本
1〜1.5cm幅に切る。	
しょうがの薄切り	2枚
酒	大さじ1
調味用	
酒	大さじ2
塩	小さじ1/4

1 米を洗う
米ともち米は合わせて洗う。ざるに上げて30分ほどおき、水けをきる。

2 酒をふる
鮭の両面に酒をふってからめる。5分ほどおいて汁けを拭く。

3 炊く
炊飯器の内釜に *1* を入れ、水1と1/2カップ(300mℓ)、調味用の材料を加えてさっと混ぜる。しいたけ、鮭を順にのせ、あいたところにしょうがを置いて、普通に炊く。

4 混ぜる
3 が炊き上がったらしょうがを取り除き、鮭をほぐすように、しゃもじでさっくりと混ぜる。器に盛っていくらをのせ、三つ葉を散らす。

Part 4 和風デリ

かにと野菜のカリフォルニアロール風

かにをマヨネーズであえて、野菜といっしょに巻きずしに。
まわりには、たっぷりのごまをまぶして風味満点に仕上げました。
きれいな切り口にも、大感激！
おもてなしやパーティーにもおすすめです。

KANI TO
YASAI NO
CALIFORNIA ROLL

作り方は96ページ

ツナマヨ+焼き肉ののり巻き

「手巻き」スタイルなら、のりにご飯と具をのせて巻くだけ。
ぶきっちょさんでも、らくらく作れます。
大人気のツナマヨネーズ、甘辛味の焼き肉の2種で、楽しく。
具とご飯を別盛りにして、自分で巻くのも楽しい。

TUNA-MAYO +
YAKINIKUNO
NORIMAKI

作り方は97ページ

Part 4 和風デリ

かにと野菜の
カリフォルニアロール風

材料(2人分)と下ごしらえ

- 温かいご飯 …………………… 360g
- ゆでたかにの身 ……………… 60g
  粗くほぐす。
- とびっこ ……………………… 小さじ4
- 焼きのり(全形) ……………… 1枚
  4等分に切る。
- きゅうり ……………………… 1/2本
  縦4つ割りにし、包丁で芯を取り除く。
- 水菜 …………………………… 8本
  10cm長さに切る。
- グリーンリーフの葉 ………… 小4枚
- 白いりごま …………………… 大さじ4
- 合わせ酢
  - 酢 …………………………… 大さじ2弱
  - 砂糖 ………………………… 小さじ2
  - 塩 …………………………… 小さじ1/3
- 調味用
  - マヨネーズ ………………… 小さじ2
  - 塩、こしょう ……………… 各少々

1 すし飯を作る
ボウルに合わせ酢の材料を入れ、よく混ぜる。大きめのボウルにご飯を入れ、合わせ酢を回しかける。しゃもじでさっくりと混ぜて、粗熱を取る。

2 あえる
別のボウルにかに、調味用の材料を入れ、よくあえる。

3 のせる
巻きすにラップを敷いて1の1/4量をのせ、焼きのりの大きさに合わせて広げる。焼きのり、グリーンリーフ、きゅうり、2、とびっこ、水菜を1/4量ずつ順にのせる。

4 巻く
具を押さえながら手前の巻きすを持ち上げ、きつめに巻いて形を整え、巻きすとラップをはずす。残りも同様にする。ごまを等分にまぶしてラップを巻き、食べやすい大きさに切ってラップをはずす。

ツナマヨ+焼き肉ののり巻き

材料(2人分)と下ごしらえ

温かいご飯	360g
焼きのり(全形)	4枚
半分に切る。	

●ツナマヨ

ツナ缶詰(80g入り)	1缶
缶汁をきり、粗くほぐす。	
きゅうり	1/2本
縦4つ割りにし、包丁で芯を取り除く。	
貝割れ菜	1/4パック(20g)
根元を切り落とす。	

ツナの調味用
- 玉ねぎのみじん切り……大さじ1
- マヨネーズ……小さじ2
- 塩、粗びき黒こしょう……各少々

●焼き肉

牛ロース薄切り肉	80~100g
1.5~2cm幅に切る。	
きゅうり	1/2本
縦4つ割りにし、包丁で芯を取り除く。	
青じそ	4枚
白すりごま	大さじ1
サラダ油	小さじ1

牛肉の調味用
- 塩、こしょう……各少々
- 焼き肉のたれ(市販品)……大さじ1

1 ツナマヨを作る
ボウルにツナ、ツナの調味用の材料を入れて、よく混ぜる。

2 焼き肉を作る
フライパンにサラダ油を中火で熱し、牛肉を入れて炒める。牛肉の色がほぼ変わったら、牛肉の調味用の材料を加えて手早くからめ、火を止めてすりごまを加え、さっと混ぜる。

3 ツナマヨを巻く
焼きのり1切れを横長に持ち、中心よりも左側にご飯の1/8量をのせ、きゅうり、貝割れ菜、1を1/4量ずつ順にのせて巻く。残りも同様に巻き、計4本作る。

4 焼き肉を巻く
焼きのり1切れを横長に持ち、中心よりも左側にご飯の1/8量をのせ、青じそ、きゅうり、2を1/4量ずつ順にのせて巻く。残りも同様に巻き、計4本作る。

Part 4 和風デリ

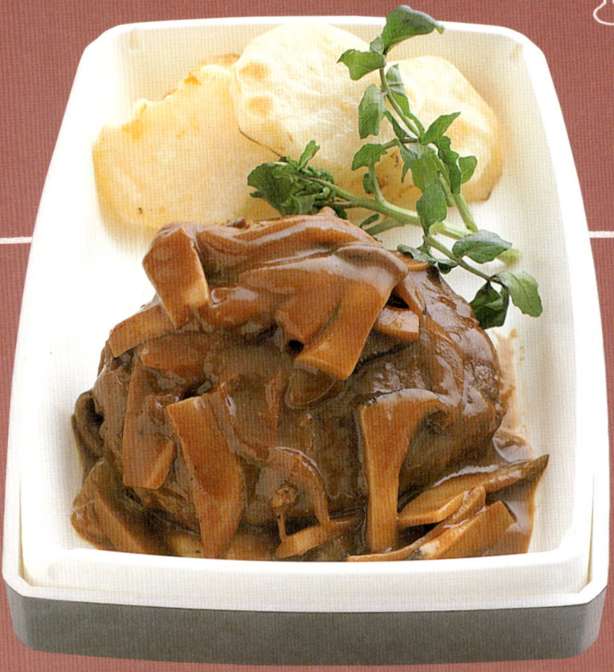

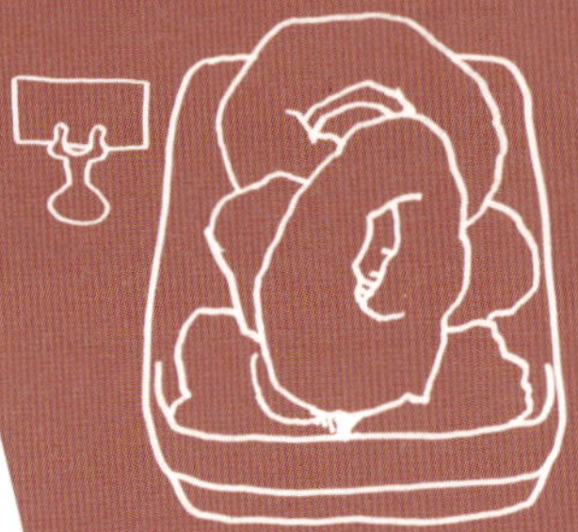

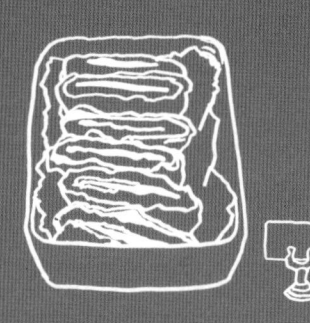

Part 5

手間ありおかずも、意外とカンタン！

洋風デリ

煮込みハンバーグ、グラタン、フリット。
つい「まねできない」と思い込んで、買いに走っていませんか？
どのレシピも、一歩ずつていねいに進めれば、大丈夫。
特別な材料や調味料も、不要です。
家族やおもてなしをする人の顔を思いながら、ぜひ作ってみて。

煮込みハンバーグ

材料(2人分)と下ごしらえ

- 合いびき肉(あれば赤身)……250g
- じゃがいも……2個
  皮をむいて1cm厚さの輪切りにし、5分ほど水にさらして水けをきる。
- 玉ねぎ……1/4個
  縦薄切りにする。
- エリンギ……1パック(100g)
  長さを半分に切って縦半分に切り、さらに縦に3〜4mm幅に切る。
- クレソン……2本
  かたい茎を切り落とす。
- たね用
  - 卵……小1個
  - 玉ねぎのすりおろし……1/4個分(50g)
  - パン粉……1/2カップ
  - 牛乳……大さじ2
  - 片栗粉……小さじ1
  - 塩……小さじ1/2弱
  - 粗びき黒こしょう……少々
  - ナツメグ(あれば)……少々
- サラダ油……大さじ1
- 塩……少々
- バター……大さじ1
- ソース
  - ドミグラスソース(缶詰)……1/2カップ
  - 赤ワイン……1/4カップ
  - 水……大さじ2
- 調味用
  - トマトケチャップ……大さじ1
  - ウスターソース……小さじ1
  - 塩、粗びき黒こしょう……各少々

1 電子レンジで加熱する
耐熱皿の中央をあけてじゃがいもを並べ、ラップをかけて電子レンジで3分ほど加熱する。

2 練り混ぜる
ボウルにひき肉、たね用の材料を入れ、粘りが出るまで手でよく練り混ぜる。2等分にし、小判形にまとめる。

3 じゃがいもを焼く
フライパンにサラダ油大さじ1/2を中火で熱し、じゃがいもを並べて両面を焼く。焼き色がついたら塩をふり、取り出す。

4 ハンバーグを焼き、野菜を炒める
3のフライパンを拭いて、サラダ油大さじ1/2を中火で熱し、2を入れて4〜5分焼く。焼き色がついたら裏返し、フライパンの端に寄せる。あいたところにバターを入れて溶かし、玉ねぎ、エリンギを加えて2分ほど炒める。

5 煮る
4の野菜がしんなりとしたら、ソースの材料を加えて混ぜる。煮立ったら、弱火にしてふたをし、7〜8分煮る。調味用の材料を加えて混ぜ、ひと煮する。とろみがついたら器に盛り、じゃがいも、クレソンを添える。

Part 5 洋風デリ

「洋風デリ」で、最もそそられるのが、このメニュー。
ドミグラスソース缶+赤ワインを使えば、おうちでも本格味に作れます。
ふわっとジューシーなたねと、まったり濃厚なソースのコラボを楽しんで。
パンはもちろん、白いご飯にもよく合います。

チリコンカン

材料(2人分)と下ごしらえ

- 合いびき肉(あれば赤身) ……… 150g
- レッドキドニービーンズまたは金時豆
  (缶詰・ドライパック) ……… 200g
- にんにく ……………………… 1かけ
  すりおろす。
- 玉ねぎ ……………………… 大1/2個
  みじん切りにする。
- にんじん ………………… 1/3本(50g)
  皮をむいてすりおろす。
- トマトの水煮(缶詰) ……… 1缶(400g)
  缶汁ごとボウルに入れ、手で大まかにつぶす。
- サラダ油 ……………………… 大さじ1
- 小麦粉 ………………………… 大さじ1/2
- チリパウダー ………………… 大さじ1
- スープ
  - 水 ……………………… 1カップ
  - 洋風スープの素(固形・チキン) … 1/2個
  - ローリエ ……………………… 小1枚
  - 塩 …………………………… 小さじ1/2
- 調味用
  - カレー粉、ガラムマサラ(好みで) … 各少々
  - 塩、こしょう ………………… 各少々
- トルティーヤチップス(市販品) …… 適量

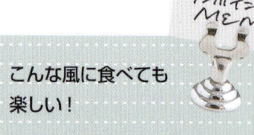

ワンポイントMEMO

こんな風に食べても楽しい！

クラッカーやガーリックトーストにのせても。また、食パンにのせてピザ用チーズを散らして焼き、ピザトーストにしても。

1 炒める

フライパンにサラダ油を中火で熱し、にんにく、玉ねぎを入れて炒める。玉ねぎがしんなりとしたら、にんじんを加えてさっと炒め合わせ、ひき肉を加えて炒める。

2 小麦粉、チリパウダーを加える

ひき肉の色が変わり、水分がなくなったら、小麦粉を加えて手早く混ぜる。チリパウダーを加えて、さらにさっと混ぜ合わせる。

3 トマト、スープを加える

トマトを加えて大きく混ぜる。煮立ったら、スープの材料を加えて混ぜる。

4 豆を加えて煮る

再び煮立ったら、レッドキドニービーンズ(金時豆)を加えて弱火にし、ときどき混ぜながら20分ほど煮る。調味用の材料を加えて味をととのえ、ひと煮する。器に盛り、トルティーヤチップスを添える。

ピリッとスパイシーな味わいが大人気の、メキシコ料理。これも作ってみれば、超簡単。
材料を炒めて、トマト缶、スープ、豆を加えて、とろりとするまで煮込むだけ。
ターメリックやパプリカ、コリアンダーなどの乾燥スパイスが残っていたら、加えても。
さらに奥行きのある味わいに仕上がります。

Part 5　洋風デリ

チキンとポテトのクリームグラタン

グラタンもこの方法なら、
具とソース作りが一度にできます！
具を炒めたら、牛乳と生クリームを加えてひと煮。
あとは耐熱容器に入れて、オーブントースターで焼くだけ。
生クリームのまったりとしたおいしさが、たまりません。

材料(2人分)と下ごしらえ

- **鶏もも肉** ………… 大1/2枚(150g)
  余分な脂肪を取り除き、縦3等分に切って、横に2cm幅のそぎ切りにする。両面に塩小さじ1/4、こしょう少々をふる。
- **じゃがいも** …………………… 大1個
  皮をむいて3〜4mm角の棒状に切り、5分ほど水にさらして水けをきる。
- **玉ねぎ** ………………………… 1/2個
  縦薄切りにする。
- **カリフラワー** ……… 大1/4株(100g)
  小房に分け、さらに縦2〜4等分に切る。
- **ピザ用チーズ** ………………… 40g
- **サラダ油** ……………… 大さじ1と1/2
- **小麦粉** ………………………… 大さじ2
- **調味用**
  - 牛乳 ………………… 1と1/2カップ
  - 生クリーム ……………… 1/2カップ
  - 洋風スープの素(固形・チキン)… 1/2個
- **塩、こしょう** ………………… 各少々
- **パン粉** ………………………… 大さじ1

1 鶏肉を焼き、玉ねぎを加えて炒める
フライパンにサラダ油を中火で熱し、鶏肉の皮の面を下にして入れ、両面を焼く。焼き色がついたら玉ねぎを加え、炒め合わせる。

2 じゃがいも、カリフラワーを加える
玉ねぎがしんなりとしたら、じゃがいも、カリフラワーを加えてさっと炒める。全体に油が回ったらふたをし、ときどき混ぜながら2分ほど蒸し焼きにする。

3 小麦粉を加える
じゃがいもが透き通ってきたらふたを取り、小麦粉を加えて木べらでよく混ぜる。

4 煮る
粉っぽさがなくなったら、調味用の材料を加え、混ぜながら煮る。煮立ったら弱火にし、ときどき混ぜながら2分ほど煮る。とろみがついたら、塩、こしょうを加えて混ぜ、味をととのえる。

5 焼く
耐熱容器に4を入れ、ピザ用チーズ、パン粉を散らす。温めたオーブントースターに入れ、表面に焼き色がつくまで5分ほど焼く。

Part 5 洋風デリ

豚ヒレ肉のチーズサンドフライ

材料(2人分)と下ごしらえ

豚ヒレ肉(4cm厚さのもの)… 4枚(250g)
厚みの中央に深い切り込みを入れて開き、ラップをかけて肉たたき(または瓶の側面など)でたたいて3mm厚さにのばす。片面に塩、粗びき黒こしょう各少々をふる。

生ハム……………………… 2枚(50〜60g)

トマト……………………… 小1個
縦半分に切ってへたを取り除き、7〜8mm角に切る。

玉ねぎ……………………… 1/10個(20g)
粗いみじん切りにする。

ピザ用チーズ……………… 30g

セージ……………………… 大4枚

調味用
┌ オリーブ油……………… 大さじ1/2
│ 粒マスタード…………… 小さじ1/2
│ 塩………………………… 小さじ1/4
└ こしょう………………… 少々

小麦粉、溶き卵、パン粉………… 各適量
サラダ油、オリーブ油………… 各大さじ3

ワンポイントMEMO
セージの代わりに
青じそやバジルの葉をはさんでも、おいしい。さわやかな香りが、チーズと豚肉のこくを引き立てます。

1 混ぜる
ボウルにトマト、玉ねぎ、調味用の材料を入れ、よく混ぜる。

2 はさむ
豚肉2枚を塩、粗びき黒こしょうをふった面が下になるように横長に置き、生ハム、ピザ用チーズ、セージの順に1/2量ずつ順にのせる。豚肉の塩、粗びき黒こしょうをふった面が上になるように1枚ずつ重ねてはさむ。周りを指で押さえて留める。残りも同様にはさんで留める。

3 ころもをつける
2に小麦粉を薄くまぶす。余分な粉は、はたいて落とす。溶き卵、パン粉の順にころもをつける。

4 揚げ焼きにする
フライパンにサラダ油、オリーブ油を中火で熱し、3を入れて3〜4分揚げ焼きにする。裏返してさらに3〜4分揚げ焼きにし、両面がカリッとしたら、ペーパータオルに取り出して油をきる。食べやすい大きさに切って器に盛り、1を別の器に盛って添える。

Part 5 洋風デリ

ローマの名物料理「サルティン・ボッカ」をアレンジしました。
豚ヒレ肉に生ハム、チーズ、セージをはさんで、パン粉ごろもをつけて揚げ焼きに。
フレッシュトマト＋粒マスタードのソースをたっぷりとかけて、いただきます。

シーフードと野菜のフリット

フリットとは、洋風天ぷらのこと。
ここでは、ころもにビールと天ぷら粉を使って、サクッと軽い口当たりに仕上げました。
揚げたてに、ライムやレモンを絞ってどうぞ。
野菜は、冷蔵庫にあるものを上手に使って。

材料(2人分)と下ごしらえ

えび ……………………… 中6尾(120g)
尾に近い1節を残して殻をむき、尾の先を斜めに切り落とす。背側に浅い切り目を入れ、背わたを取り除く。片栗粉大さじ1/2をふってからめ、さっと水洗いをして水けを拭く。

するめいかの胴 ……… 小1ぱい分(100g)
軟骨を取り除いて皮をむき、水洗いをする。水けを拭き1cm厚さの輪切りにする。

ズッキーニ ……………………… 小1/2本
へたを切り落とし、1.5cm厚さの輪切りにする。

パプリカ(赤) ……………………… 1/4個
へたと種を取り除いて、横に1.5cm幅に切る。

ライム(またはレモン) ……………… 1/2個
縦半分に切る。

下味
- レモン汁 ……………………… 小さじ1
- 酒 …………………………… 小さじ2
- 塩 …………………………… 小さじ1/4
- こしょう ……………………… 少々

天ぷら粉(市販品) ……………… 大さじ2

ころも
- 天ぷら粉(市販品) ………… 2/3カップ
- 片栗粉 ……………………… 大さじ2
- ビール(冷やしたもの) …… 2/3カップ

揚げ油 ………………………………… 適量
塩 ……………………………………… 少々

1 下味をつける
えびといかに下味の材料をふってからめ、10分ほどおいて汁けを拭く。

2 まぶす
ズッキーニ、パプリカに天ぷら粉大さじ1をまぶす。余分な粉は、はたいて落とす。えび、いかにも天ぷら粉大さじ1を同様にまぶす。

3 混ぜる
ボウルにころもの材料を入れ、泡立て器でよく混ぜる。

4 野菜を揚げる
揚げ油を低温(160〜170℃)に熱し、ズッキーニ、パプリカを3にくぐらせてから入れる。ときどき返しながら2分ほど揚げ、カリッとしたら油をきり、塩をふる。

5 えび、いかを揚げる
4の揚げ油を中温(170〜180℃)にし、えびを3にくぐらせてから入れ、ときどき返しながら2〜3分揚げて油をきる。続けて、いかを3にくぐらせてから入れ、ときどき返しながら1分ほど揚げて油をきる。器にえび、いか、4を盛って、ライムを添える。

Part 5 洋風デリ

チーズ入り ライスコロッケ

材料(2人分)と下ごしらえ

温かいご飯	250g
ハム	2枚

5mm四方に切る。

プロセスチーズ	30g

1.5cm角(6等分)に切る。

玉ねぎ	小1/4個(40g)

みじん切りにする。

パセリ	1房

みじん切りにする。

サラダ油	大さじ1
調味用	
┌ トマトケチャップ	大さじ2
└ 酒	大さじ1
塩、こしょう	各少々
小麦粉、溶き卵、パン粉、揚げ油	各適量

1 炒める

フライパンにサラダ油を中火で熱し、玉ねぎを入れて炒める。しんなりとしたら、ハムを加えてさっと炒め合わせ、調味用の材料を加えて混ぜる。

2 ご飯を加える

ご飯を加え、ほぐしながら炒める。調味料が全体になじんだら、パセリを加えてさっと混ぜ合わせ、塩、こしょうを加えて味をととのえる。取り出して粗熱を取る。

3 まとめる

ラップに*2*の1/6量をのせ、中央にチーズ1切れを詰める。ラップで包んでギュッと絞り、だんご状にまとめる。残りも同様にする。

4 ころもをつける

*3*に小麦粉を薄くまぶす。余分な粉は、はたいて落とす。溶き卵、パン粉の順にころもをつける。

5 揚げる

揚げ油を中温(170〜180℃)に熱し、*4*を入れる。ときどき返しながら2分ほど揚げ、カリッとしたら油をきる。

「イタリアン・デリ」で見かけるこのメニューも、
ぜひトライしてみたいもののひとつ。
ケチャップライスにチーズを詰めて、ころもをつけてカリッと揚げます。
ほんのり甘いご飯ととろ〜りチーズが、最高！
何個でもイケます。

Part 5　洋風デリ

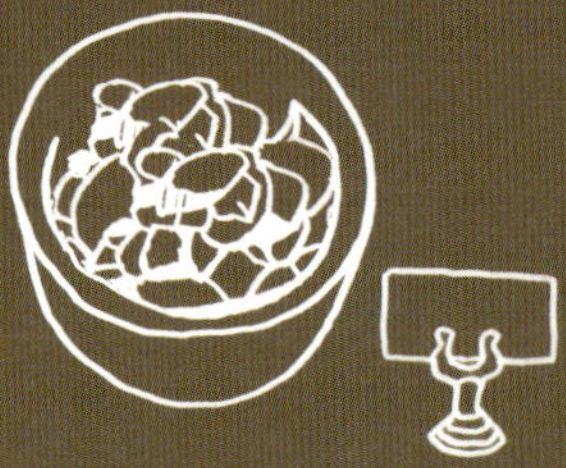

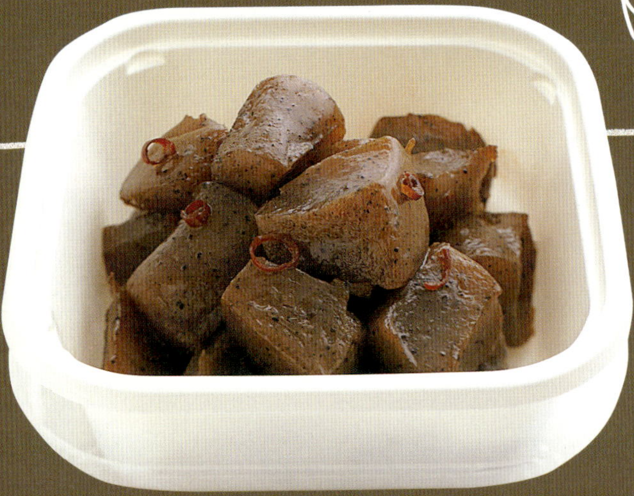

Part 6

たまには、ウイークデーに取り上げて。

マクロビオティック風デリ

「外食が続いたな」とか、「肉料理が多かったな」というときに、
週いち気分で楽しんでみませんか？
どれも動物性の食べものを除いた、デトックス風メニュー。
たっぷり野菜をメインに、ヘルシーに仕上げました。
深刻にならず、ラク〜な気持ちでどうぞ。

根菜入りひろうずメニュー

自然食レストランの献立風の
メニューを取りそろえました。
メインは豆腐に根菜を混ぜて揚げた、ひろうず。
豆腐のやさしい甘みと根菜の歯ごたえが、おいしい一品です。
デトックス効果のあるこんにゃくや、
ミネラルが豊富なほうれん草の副菜を添えて。
しみじみとしたおいしさが楽しめます。

作り方は116〜117ページ

Part 6　マクロビオティック風デリ

[根菜入りひろうず]

材料(2〜3人分)と下ごしらえ

- 木綿豆腐 ……………………… 1丁(300g)
- 干ししいたけ ……………………… 1個
  軸を下にし、水1/2カップに40〜60分つけてもどし、水けを絞る。軸を切り落とし、3〜4mm角に切る。もどし汁はとっておく(ピリ辛こんにゃくで使用)※。
- れんこん ……………………… 小1節(100g)
  皮をむいてすりおろし、水けを絞る。
- にんじん ……………………… 2cm
  皮をむかずに、細切りにする。
- さやいんげん ……………………… 2〜3本
  へたを切り落とし、5mm幅に切る。
- しょうが ……………………… 1かけ
  皮をむき、すりおろす。
- 小麦粉 ……………………… 大さじ2〜3
- 揚げ油 ……………………… 適量
- しょうゆ(好みで) ……………………… 少々

1 水きりをする
豆腐はペーパータオルで包んでバットに置く。平なな皿、ボウルをのせて重しをし、30分ほどおいて水きりをする。途中、ペーパータオルを替える。

2 混ぜる
すり鉢に豆腐を入れ、すりこ木ですり混ぜる。なめらかになったら、しいたけ、れんこん、にんじん、いんげん、小麦粉を加え、ゴムべらでよく混ぜ合わせる。6等分にして、2cm厚さの円形にまとめる。

3 揚げる
揚げ油を低温(160〜170℃)に熱し、2を入れて3分ほど揚げる。裏返してさらに3分ほど揚げ、油をきる。器に盛ってしょうがをのせ、好みでしょうゆをかける。

[ピリ辛こんにゃく]

材料(2人分)と下ごしらえ

- こんにゃく ……………………… 1枚(250g)
  スプーンで食べやすい大きさにちぎる。
- 赤唐辛子 ……………………… 小1/2本
  種を取り除き、小口切りにする。
- ごま油 ……………………… 大さじ1
- 調味用
  - 干ししいたけのもどし汁※ ……… 1/4カップ
  - 酒、しょうゆ ……………………… 各小さじ2

1 ゆでる
鍋にこんにゃくを入れ、かぶるくらいの水を加えて強火にかける。沸騰したら、ざるに上げて水けをきる。

2 炒める
1の鍋の水けを拭いて、ごま油を中火で熱し、こんにゃくを入れて炒める。全体に油が回ったら、赤唐辛子を加えてさっと炒め合わせる。

3 調味する
調味用の材料を加えて混ぜる。煮立ったら、汁けがほぼなくなるまで炒め煮にする。

[ほうれん草のごまみそあえ]

材料(2人分)と下ごしらえ

ほうれん草	1/2束(150g)

3～4cm長さに切る。

調味用
- 黒すりごま……………大さじ2
- みそ……………………大さじ1/2
- メープルシロップ……小さじ1
- 塩………………………少々
- しょうゆ………………小さじ1/2

1 混ぜる
ボウルに調味用の材料を入れ、よく混ぜる。

2 ゆでる
鍋にたっぷりの湯を沸かし、塩、ほうれん草を順に入れて1分ほどゆでる。水にとって冷まし、水けを絞る。バットなどに入れ、しょうゆをふってからめ、汁けを絞る。

3 あえる
1にほうれん草を加え、よくあえる。

[玄米ご飯]

材料(作りやすい分量・4人分)と下ごしらえ

- 発芽玄米……………1合(180㎖)
- 米……………………1合(180㎖)
- 梅干し………………4個
  種を取り除く。

ワンポイントMEMO
残った玄米ご飯は、冷凍保存を

玄米ご飯は、温かいうちにラップで包んでよく冷まし、ジッパーつきの保存袋に入れます。冷凍庫で保存すれば、3週間ほどもちます。解凍は蒸すか、自然解凍をしておかゆなどに。

1 米を洗って浸水する
米は洗ってざるに上げ、10分ほどおいて水けをきる。炊飯器の内釜に米、発芽玄米を入れて水を2合の目盛りまで加え、30分ほどおいて、浸水させる。

2 炊く
1は普通に炊く。炊き上がったら、しゃもじでさっくりと混ぜ、器に盛って梅干しを等分にのせる。

Part 6 マクロビオティック風デリ

根菜入りひろうすメニュー

和風チャーハンメニュー

油揚げとたっぷりのひじきを加えた、
さっぱり味のチャーハンを主役に。
具だくさんでかみごたえもあるから、
おなかも大満足のボリュームです。
器に具を入れて湯を注ぐだけの簡単汁もの、
メープルシロップで煮た、
かぼちゃの甘煮を添えて、充実の献立に。

油揚げとひじきの
みそチャーハン

かぼちゃの甘煮

とろろ昆布と
梅干しの吸いもの

welcome

作り方は120〜121ページ

Part 6 マクロビオティック風デリ

[油揚げとひじきのみそチャーハン]

材料(2～3人分)と下ごしらえ

温かい玄米ご飯(P.117参照)	400g
油揚げ	1枚(40g)

　ペーパータオルで余分な油を拭き取り、7～8mm四方に切る。

芽ひじき(乾燥)	10g
さやいんげん	50g

　へたを切り落とし、5mm幅に切る。

しょうが	1かけ

　皮をむき、みじん切りにする。

白いりごま	大さじ1
サラダ油	大さじ2

調味用

みそ	大さじ1
酒(または昆布のだし汁)	大さじ1
塩、こしょう	各少々

1 もどす
ひじきはたっぷりの水に15分ほどつけてもどし、ざるに上げて水けをきる。

2 炒める
フライパンにサラダ油を中火で熱し、しょうがを入れて炒める。香りが立ったら、いんげんを加えてさっと炒め合わせ、油揚げを加えてさらに炒める。

3 ひじきを加える
油揚げがカリッとしたらひじきを加え、1分ほど炒め合わせる。

4 玄米ご飯を加える
玄米ご飯を加え、ほぐしながら炒める。

5 調味する
玄米ご飯がぱらぱらになったら、調味用の材料をよく混ぜてから加え、手早くからめる。塩、こしょうを加えて味をととのえ、ごまをふる。

[かぼちゃの甘煮]

材料(2人分)と下ごしらえ

かぼちゃ	1/8個(正味200g)

わたと種を取り除き、2〜3cm角に切る。

煮汁
- 水 ······ 1/2カップ
- メープルシロップ ······ 大さじ1
- 塩 ······ 少々

1 鍋に入れる
鍋にかぼちゃの皮の面を下にして入れ、煮汁の材料を加える。

2 煮る
1を中火にかける。煮立ったら弱火にし、ふたをして10〜12分煮る。かぼちゃに竹串を刺してみて、スーッと通るようになったら器に盛る。

[とろろ昆布と梅干しの吸いもの]

材料(2人分)と下ごしらえ

とろろ昆布	2つかみ(約5g)

粗くほぐす。

梅干し	1個

種を取り除き、半分にちぎる。

貝割れ菜	適量

根元を切り落とす。

しょうゆ	小さじ2

1 器に入れる
器2個に、とろろ昆布、貝割れ菜、梅干し、しょうゆを等分に入れる。

2 湯を注ぐ
1に湯を150mlずつ注ぎ、さっと混ぜる。

Part 6 マクロビオティック風デリ

和風チャーハンメニュー

れんこんときのこのパスタメニュー

大好きなイタリアンも「マクロビオティック風」に、
おいしく作れます！
パスタはうまみの濃いきのこを使って、
にんにく風味で仕上げるのが、成功の秘訣。
サブおかずには、大豆のサラダを添えてバランスよく。
たっぷり野菜でビタミンも、食物繊維も豊富。
体にもうれしい献立です。

れんこんときのこの
ペペロンチーノ

大豆、きゅうり、
プチトマトのサラダ

welcome

作り方は124〜125ページ

Part 6 マクロビオティック風デリ

[れんこんときのこのペペロンチーノ]

材料(2人分)と下ごしらえ

オーガニック(または全粒粉)スパゲティ
　‥‥‥‥‥‥‥‥‥‥‥‥‥‥ 200g

れんこん ‥‥‥‥‥‥ 小1節(100g)
　皮つきのまま薄い半月切りにする。酢少々を混ぜた酢水に5分ほどさらし、水けをきる。

しめじ ‥‥‥‥‥ 小1パック(正味100g)
　石づきを切り落とし、1本ずつにほぐす。

生しいたけ ‥‥‥‥‥‥‥‥‥ 3個
　軸を切り落とし、薄切りにする。

にんにく ‥‥‥‥‥‥‥‥‥‥ 1かけ
　みじん切りにする。

赤唐辛子 ‥‥‥‥‥‥‥‥‥‥ 1/2本
　種を取り除き、小口切りにする。

塩 ‥‥‥‥‥‥‥‥‥‥‥ 大さじ1強
オリーブ油 ‥‥‥‥‥‥‥‥ 大さじ2
しょうゆ ‥‥‥‥‥‥‥‥ 小さじ2〜3

1 ゆでる
鍋に3ℓほどの湯を沸かし、塩、スパゲティを順に入れて混ぜ、袋の表示時間どおりにゆでる。ゆで上がったらざるに上げ、水けをきる。

2 炒める
フライパンにオリーブ油、にんにくを入れ、中火にかける。香りが立ったら、れんこんを加えて炒める。

3 きのこを加える
れんこんが透き通ってきたら、しめじ、しいたけを加えて炒め合わせる。

4 スパゲティを加える
きのこがしんなりとしたら、赤唐辛子、スパゲティを加え、さっと炒める。

5 調味する
全体に油が回ったらしょうゆを加え、手早く混ぜる。

[大豆、きゅうり、プチトマトのサラダ]

材料(2人分)と下ごしらえ

大豆(缶詰・ドライパック)	1缶(100g)
きゅうり	1本

5mm厚さのいちょう切りにする。

プチトマト	5個

へたを取り除き、縦4つ割りにする。

ドレッシング
- 玉ねぎのすりおろし……………大さじ1
- 酢、サラダ油…………………各大さじ1
- 塩………………………………小さじ1/4
- こしょう………………………少々

1 混ぜる
ボウルにドレッシングの材料を入れ、泡立て器でよく混ぜる。

2 あえる
1に大豆、きゅうり、プチトマトを加え、よくあえる。

Part 6 マクロビオティック風デリ

ワンポイントMEMO

大豆缶や ミックスビーンズ缶を ストックしておくと便利

水につけてもどしたり、ゆでる手間いらずの豆の缶詰は、常備しておくと重宝します。サラダをはじめ、煮ものやスープ、カレーなどにも。ドライパックは、ゆでずに蒸してから缶に詰めているので、ポクポクとした口当たり。水煮缶の場合は、缶汁をきってから調理に使って。

れんこんときのこの
パスタメニュー

薬膳カレーメニュー

厚揚げと色とりどりの野菜を使った、ヘルシーなカレー。
厚揚げのうまみ、トマトの甘み、
なすのとろりとした口当たりが、絶妙の組み合わせ。
おいしいコツは、だしに昆布を使うこと。
さっぱりとした中にも、深いうまみのある味に仕上がります。
ピクルスを添えて、味と食感のアクセントを。

4

厚揚げとなすの
トマトカレー

かぶとにんじんの
ピクルス

welcome

↳ 作り方は128～129ページ

Part 6 マクロビオティック風デリ

[厚揚げとなすのトマトカレー]

材料(2人分)と下ごしらえ

厚揚げ……………………大1/2枚(150g)
　ペーパータオルで余分な油を拭き取り、縦半分に切って横に1cm幅に切る。

なす………………………………小2本
　へたを切り落とし、1cm厚さの輪切りにする。

トマト……………………………1個
　縦半分に切ってへたを取り除き、1cm角に切る。

にんにく…………………………1かけ
　みじん切りにする。

玉ねぎ……………………………1/2個
　みじん切りにする。

しょうが…………………………1かけ
　皮をむいてすりおろす。

かぶの葉……………小2個分(60g)
　太いところを取り除き、5mm幅に切る。

温かい玄米ご飯(P.117参照)……400g
サラダ油…………………………大さじ2
小麦粉、カレー粉………………各大さじ1
昆布のだし汁※…1と1/4～1と1/2カップ
塩…………………………………適量
調味用
　┌みそ………………………………小さじ1
　│カレー粉…………………………少々
　└塩、こしょう……………………各少々

※水2カップに昆布(4cm四方)1枚をつけ、冷蔵庫でひと晩おいたもの。

1 炒める
フライパンにサラダ油、にんにくを入れて中火にかける。香りが立ったら、玉ねぎを加えて炒める。

2 なすを加える
玉ねぎがしんなりとしたら、なすを加えて炒め合わせる。

3 トマトを加える
なすに薄く焼き色がついたらトマトを加えて、さっと炒める。

4 小麦粉、カレー粉をふる
全体に油が回ったら、小麦粉、カレー粉をふり入れて手早く混ぜ、だし汁を加えて混ぜる。

5 煮て調味する
煮立ったら、塩小さじ1/2、厚揚げを加えて混ぜる。再び煮立ったら弱火にし、ときどき混ぜながら5分ほど煮る。とろみがついたら、しょうが、調味用の材料を加えて混ぜ、ひと煮する。

薬膳カレーメニュー

6 塩もみする
ボウルにかぶの葉を入れ、塩少々をふって手でよくもみ、5分ほどおく。しんなりとしたら、しっかりと水けを絞る。

7 混ぜる
大きめのボウルに玄米ご飯を入れ、かぶの葉を加えてしゃもじでさっくりと混ぜ合わせる。器に盛り、*5*をかける。

Part 6 マクロビオティック風デリ

[かぶとにんじんのピクルス]

材料(2人分)と下ごしらえ

かぶ ……………………… 小2個
　茎を切り落とし、皮つきのまま縦6つ割りにする。

にんじん ………………… 小1本
　皮をむき、5mm厚さの輪切りにする。

漬け汁
├ 水、酢 ……………… 各1/4カップ
├ 塩 ………………………… 小さじ1/3
└ メープルシロップ(好みで)…… 小さじ1

ワンポイントMEMO
こんな野菜を使っても
かぶ、にんじんのほか、きゅうりや大根、へたを取ったプチトマトやカリフラワーを使っても。

1 漬け汁を作る
鍋に漬け汁の材料を入れて混ぜ、中火にかける。煮立ったら、火を止める。

2 漬ける
耐熱ボウルににんじん、かぶを入れ、*1*を注ぐ。ときどき混ぜながら、20分ほど漬ける。

手作りすれば、具だくさんでおいしい。
「スープデリ」風ヘルシー汁もの

ごま+ごま油で風味よく。
ザーサイのうまみが、味出しにひと役。

わかめとザーサイの卵スープ

材料(2人分)
卵…1個　乾燥カットわかめ…小さじ2　味つけザーサイ(びん詰)…20g　大根…3cm(100～120g)　白いりごま…少々　ごま油…大さじ1/2　鶏ガラスープの素(顆粒)…小さじ2/3　調味用[酒、薄口しょうゆ…各大さじ1　こしょう…少々]

1 ザーサイは汁けをきり、細切りにする。大根は皮をむいて薄い輪切りにし、2～3mm幅に切る。卵はボウルに溶きほぐす。

2 鍋にごま油を中火で熱し、大根を入れて炒める。しんなりとしたら、水2と1/2カップ、鶏ガラスープの素を加えて混ぜる。煮立ったら弱火にし、アクをすくって1～2分煮る。

3 中火にしてザーサイ、わかめを加え、1分ほど煮る。調味用の材料を加えて混ぜる。溶き卵を流し入れ、半熟状になったら器に盛り、ごまをふる。

野菜不足を感じたときにも、おすすめ。
すりおろしたれんこんの甘みが広がります。

根菜と水菜のみそ豆乳スープ

材料(2人分)
にんじん…4～5cm　れんこん…小1/2節(50g)　水菜…1/5わ(40g)　酢…少々　だし汁…2カップ　みそ…約大さじ1と1/2　豆乳(成分無調整)…1/2カップ

1 にんじんは皮をむき、細切りにする。水菜は4cm長さに切る。れんこんは皮をむいて、酢を混ぜた酢水に5分ほどさらして水けをきり、すりおろす。

2 鍋にだし汁、にんじんを入れて中火で煮立て、1分ほど煮て、れんこんを加えて混ぜる。再び煮立ったら、水菜を加えてさっと煮る。

3 みそを煮汁で溶いて加え、豆乳を加えて混ぜる。煮立ちそうになったら、器に盛る。

スープこそ、おうちで作る価値ありのメニュー。
身近な素材をササッと鍋で煮るだけで、ソッコーおいしいスープが作れます。
必見のワザは、具の組み合わせと味つけ。メインの料理に合わせてチョイスしましょう。

マイルドでクリーミーな口当たり。
やさしい味わいに心もなごみます。

ハムとブロッコリーのクリームコーンスープ

材料（2人分）
ハム…1枚　ブロッコリー…1/4株　クリームコーン（缶詰）…1缶（190g）　塩…適量　牛乳…1と1/4カップ　洋風スープの素（固形・チキン）…1/4個　片栗粉…小さじ1　こしょう…少々

1 ハムは1〜1.5cm四方に切る。ブロッコリーは小房に分け、さらに縦2〜4等分に切る。塩少々を入れた熱湯で1分ほどゆでてざるに上げ、水けをきる。

2 鍋にクリームコーン、牛乳、洋風スープの素を入れ、混ぜながら中火にかける。煮立ってきたら、片栗粉を水小さじ2で溶いて加え、ひと煮する。

3 とろみがついたら、塩少々、こしょうを加えて混ぜ、ハム、ブロッコリーを加えてさっと温める。

レンズ豆なら、もどさずに20分ほど煮れば、OK。
トマトケチャップのやさしい味が魅力です。

レンズ豆とほうれん草のスープ

材料（2人分）
レンズ豆…1/2カップ　ほうれん草…1/6束（50g）　塩…少々　調味用[トマトケチャップ…大さじ1　塩…小さじ1/2　こしょう…少々]

1 レンズ豆はざるに入れて水洗いをし、水けをきる。ほうれん草は2cm長さに切り、塩を入れた熱湯でさっとゆでる。水にとって冷まし、水けを絞る。

2 鍋にレンズ豆、水3カップを入れ、中火にかける。沸騰したら、弱火にしてアクをすくい、ふたをして20分ほどゆでる。レンズ豆がやわらかくなったら、調味用の材料を加えて混ぜ、ほうれん草を加えてひと煮する。

あさり缶を使って、お手軽&おいしく。
野菜は小さく切ると、火の通りもスピーディー。

あさりの
トマトクラムチャウダー

材料(2人分)
あさりの水煮(缶詰)…1/2缶(50g)　じゃがいも…1個　玉ねぎ…1/4個　セロリ…10cm　オリーブ油…大さじ1　スープ[トマトジュース…1本(190g)　水…1〜1と1/4カップ　洋風スープの素(固形・チキン)…1/2個　酒…大さじ1]　塩、こしょう…各少々

1 あさりはざるに上げ、缶汁をきる。じゃがいもは皮をむいて1cm角に切り、5分ほど水にさらして水けをきる。玉ねぎは1cm四方に切る。セロリは筋を取り、縦に1cm幅に切って、横に薄切りにする。

2 鍋にオリーブ油を中火で熱し、玉ねぎを入れて炒める。しんなりとしたら、セロリを加えてさっと炒め合わせ、じゃがいもを加えて炒める。

3 全体に油が回ったら、スープの材料を加えて混ぜる。煮立ったら、弱火にしてアクをすくい、あさりを加えて混ぜ、ふたをして12〜15分煮る。じゃがいもがやわらかくなったら、塩、こしょうを加えてひと煮する。

ガツン!と元気をつけたいときに。
ボリューム満点の「食べる」スープ。

豚肉と春雨のキムチスープ

材料(2人分)
豚もも薄切り肉…80g　春雨(乾燥)…40g　白菜キムチ…40g　長ねぎ…1/2本　酒…大さじ1　サラダ油…大さじ1/2　鶏ガラスープの素(顆粒)…小さじ1　調味用[酒…大さじ1　しょうゆ…小さじ1　塩、こしょう…各少々]

1 豚肉は1cm幅に切り、酒をふってからめる。春雨は長さを半分に切る。キムチはかるく汁をきって、1cm幅に切る。長ねぎは薄い小口切りにする。

2 鍋にサラダ油を中火で熱し、長ねぎを入れて炒める。しんなりとしたら、豚肉を加えて炒め合わせ、豚肉の色が変わったら、キムチを加えてさっと炒める。

3 水3カップ、鶏ガラスープの素を加えて混ぜる。煮立ったら、弱めの中火にしてアクをすくい、春雨を加えて2〜3分煮る。調味用の材料を加えて混ぜ、ひと煮する。

軽い朝食やブランチには、これとパンがあれば十分。ベーコンのこくでグッとくる味。

ベーコンとキャベツの　カレースープ

材料(2人分)
ベーコン…2枚　キャベツの葉…2枚　玉ねぎ…1/4個　しめじ…1/2パック(50g)　バター…大さじ1　小麦粉、カレー粉…各大さじ1/2　洋風スープの素(固形・チキン)…1/2個　塩、こしょう…各少々

1 ベーコンは1cm幅に切る。キャベツは5〜6cm長さのせん切りにする。玉ねぎは縦薄切りにする。しめじは石づきを切り落とし、食べやすい大きさにほぐす。

2 鍋にバターを中火で溶かし、ベーコンを入れて炒める。カリッとしたら、玉ねぎを加えて炒め合わせ、玉ねぎがしんなりとしたら、しめじを加えて炒める。全体に油が回ったら、キャベツを加えてさっと炒め合わせ、小麦粉、カレー粉をふり入れて手早く混ぜる。

3 粉っぽさがなくなったら、水2と1/2カップ、洋風スープの素を加える。混ぜながら煮立て弱火にしてアクをすくい、ふたをして2分ほど煮る。塩、こしょうを加えて味をととのえる。

酸っぱくて、辛い中国風のスープ。こしょう、ラー油、酢の量はお好みで。

酸辣湯風スープ
スワンラータン

材料(2人分)
鶏ささ身…1本(50g)　木綿豆腐…1/3丁(100g)　生しいたけ…2個　青梗菜(チンゲンサイ)…1株　塩…少々　こしょう…適量　鶏ガラスープの素(顆粒)…小さじ1　調味用[酒…大さじ1　しょうゆ…小さじ1　塩…小さじ2/3　こしょう…少々]　片栗粉…小さじ2　酢、ラー油…各適量

1 ささ身は筋を取り、薄いそぎ切りにして塩、こしょう少々をふる。豆腐は縦半分に切り、横に1cm幅に切る。しいたけは石づきを切り落とし、薄切りにする。青梗菜は茎と葉に切り分ける。茎は縦4つ割りにして、横に1cm幅に切る。葉は横に1cm幅に切る。

2 鍋にしいたけ、水2と1/2カップ、鶏ガラスープの素を入れて中火で煮立て、ささ身を加える。再び煮立ったら、弱めの中火にしてアクをすくい、青梗菜の茎を加えて1分ほど煮る。

3 青梗菜の葉を加えてさっと煮、調味用の材料を加えて混ぜる。片栗粉を水大さじ1強で溶いて加え、とろみがついたら、豆腐を加えてひと煮する。火を止めて酢大さじ1を加え、器に盛って、こしょう、酢各少々、ラー油をかける。

［肉・肉の加工品］

- かぼちゃコロッケ……………………… 68
- 牛肉、玉ねぎ、エリンギの串カツ……… 60
- ゴーヤ、スパム、卵のサラダ…………… 28
- ささ身と大根の梅サラダ………………… 32
- ささ身の梅巻き…………………………… 42
- シーザー風サラダ……………………… 36
- 酸辣湯風スープ（スワンラータン）……………………… 133
- たっぷりキャベツのメンチカツ………… 64
- チーズ入りライスコロッケ……………… 110
- チキンとポテトのクリームグラタン……… 104
- チキン南蛮のタルタルソースかけ……… 56
- チリコンカン……………………………… 102
- ツナマヨ＋焼き肉ののり巻き…………… 95
- 照り焼きチキン…………………………… 52
- 鶏ぶつ切り肉と里いもの煮もの………… 79
- 名古屋風の揚げ手羽先…………………… 50
- 生春巻きのサラダ………………………… 37
- 煮込みハンバーグ………………………… 100
- にんにく、塩味のフライドチキン……… 46
- ねぎま串焼き……………………………… 42
- ハムと炒めきのこのマリネ……………… 17
- ハムとブロッコリーのクリームコーンスープ………………… 131
- 豚肉と春雨のキムチスープ……………… 132
- 豚肉のチーズサンドフライ……………… 106
- 豚バラとじゃがいもの煮もの…………… 78

- フレッシュ野菜入りポテトサラダ……… 8
- ベーコンとキャベツのカレースープ…… 133
- 骨つきもも肉のロースト………………… 54
- みそ味つくね……………………………… 44
- 明太子と長ねぎサンドカツ……………… 62
- 焼き肉のたれでふわっとから揚げ……… 48
- 焼きポテトとソーセージのサラダ……… 25
- れんこんつくね…………………………… 44
- ローストビーフとブロッコリーのサラダ… 16

［魚介・魚介の加工品］

- 揚げいかとセロリのサラダ……………… 24
- あさりのトマトクラムチャウダー……… 132
- いかと大根の煮もの……………………… 82
- いわしの青じそ巻きフライ……………… 70
- いわしのしょうが煮……………………… 83
- えびとアボカドのサラダ………………… 9
- えびと帆立て貝柱のコロッケ…………… 66
- えびのれんこんはさみ揚げ……………… 87
- かにと野菜のカリフォルニアロール風… 94
- サーモンとかぶのマリネ………………… 13
- 鮭といくらの炊きおこわ………………… 91
- 鮭のパセリチーズフライ………………… 72
- シーフードと野菜のフリット…………… 108
- たこ、長ねぎ、三つ葉のかき揚げ……… 74
- ツナマヨ＋焼き肉ののり巻き…………… 95
- 長いものタラモサラダ…………………… 20

生春巻きのサラダ……………………… 37
ぶりのカレーじょうゆ照り焼き………… 86
まぐろのづけ丼………………………… 90
ミックスビーンズとツナのサラダ……… 12
明太子と長ねぎサンドカツ…………… 62

[卵]
ゴーヤ、スパム、卵のサラダ…………… 28
わかめとザーサイの卵スープ………… 130

[豆・大豆製品]
厚揚げとなすのトマトカレー………… 126
油揚げとひじきのみそチャーハン…… 118
根菜入りひろうず……………………… 114
根菜と水菜のみそ豆乳スープ………… 130
酸辣湯風スープ……………………… 133
大豆、きゅうり、プチトマトのサラダ…… 122
チリコンカン………………………… 102
ミックスビーンズとツナのサラダ……… 12
レンズ豆とほうれん草のスープ……… 131

[ご飯・めん]
厚揚げとなすのトマトカレー………… 126
油揚げとひじきのみそチャーハン…… 118
かにと野菜のカリフォルニアロール風… 94
玄米ご飯……………………………… 114
鮭といくらの炊きおこわ……………… 91

チーズ入りライスコロッケ…………… 110
ツナマヨ＋焼き肉ののり巻き………… 95
まぐろのづけ丼………………………… 90
れんこんときのこのペペロンチーノ… 122

[その他]
オクラ、長いも、芽かぶの
ねばねばサラダ……………………… 29
かぶとにんじんのピクルス…………… 126
かぼちゃとさつまいものサラダ……… 21
かぼちゃの甘煮……………………… 118
ごぼう、れんこん、にんじんの
炒めサラダ…………………………… 33
とろろ昆布と梅干しの吸いもの……… 118
ピリ辛こんにゃく……………………… 114
ほうれん草のごまみそあえ…………… 114

●著者紹介

今泉 久美
［いまいずみ　くみ］

料理研究家、栄養士。テレビ、雑誌、料理本、料理講習会などで活躍中。料理教室「KUMIクッキングスタジオ」も主宰し、手軽でヘルシーな温かみのある家庭料理が、幅広い層に人気。著書に『毎日「使える！」即できレシピ150』(主婦の友社)、『家族いっしょのおいしいレシピ』(家の光協会)など多数。

- ●料理制作 ——— 今泉 久美
- ●撮　　影 ——— 原 ヒデトシ
- ●スタイリング ——— 宮澤 由香
- ●アートディレクション— 大薮 胤美(フレーズ)
- ●デザイン ——— 長谷川 聡子(フレーズ)
- ●ＤＴＰ ——— アド・クレール
- ●企画・編集 ——— 園田 聖絵、佐藤 トモエ(FOODS FREAKS)

デパ地下&デリおかず

- ●著　者 ——— 今泉 久美［いまいずみ　くみ］
- ●発行者 ——— 若松 範彦
- ●発行所 ——— 株式会社 西東社

〒113-0034 東京都文京区湯島2-3-13
営業部：TEL(03)5800-3120　FAX(03)5800-3128
編集部：TEL(03)5800-3121　FAX(03)5800-3125
URL：http://www.seitosha.co.jp/

本書の内容の一部あるいは全部を無断でコピー、データファイル化することは、法律で認められた場合をのぞき、著作者および出版社の権利を侵害することになります。
落丁・乱丁本は、小社「営業部」宛にご送付下さい。送料小社負担にて、お取り替えいたします。
ISBN978-4-7916-1553-7